KB198999

IT 개발자, 코드로
세상을 바꾸는 사람들

BEGINNER SERIES 12

IT 개발자, 코드로
세상을 바꾸는 사람들

글 윤석용

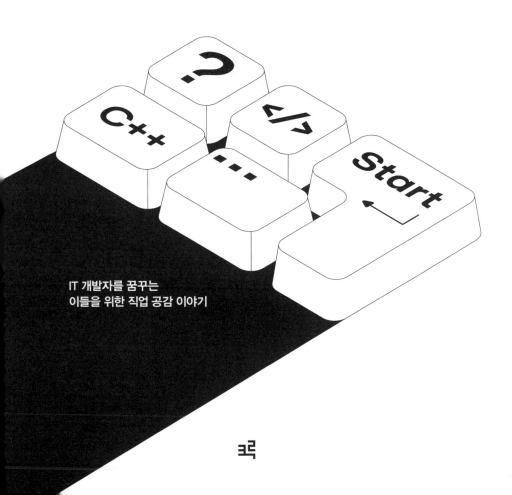

**IT 개발자를 꿈꾸는
이들을 위한 직업 공감 이야기**

크록

CONTENTS

PROLOGUE

"더 질문 없으면 이것으로 CDRCritical Design Review을 마치겠습니다." 고객과 함께 개발할 항목을 정의하는 회의(CDR)가 끝나면 프로젝트의 팀원 모두가 바빠진다. 먼저 웹 기획자는 디자이너와 함께 어떻게 화면을 만드는 것이 좋을지 논의하고 옆에서 웹퍼블리셔Web Publisher는 디자인된 시안을 디자인 코딩을 어떻게 추가할지 머리를 굴리기 시작한다.

DBADatabase Administrator는 개발 항목을 어떻게 데이터베이스 테이블을 설계할지 고민하고 백엔드 개발자는 오는 요청을 어떻게 화면에서 데이터로 받을지 모듈을 하나씩 정의한다. 프론트엔드 개발자는 퍼블리셔에게 받은 소스와 백엔드 개발자가 제공해준 API를 결합해서 실제 사용자가 사용할 웹 페이지를 만든다. 이것만 하면 프로그램이 완성되느냐? 그렇지도 않다.

사업관리 담당자는 이번 프로젝트에 대한 WBSWork Breakdown Structure를 작성하며 개발 일정을 만들고 단계별로 진행을 확인한다. 형상관리 담당자는 각종 산출물과 소스를 관리

한다. QA^{Quality Assurance}는 개발된 내용을 테스트하고, 인프라 담당자는 어떤 서버에서 어떻게 서비스하고 네트워크 트래픽 분산 방안을 만든다. 또 시스템에 따라 데이터 분석 시스템은 분석가, 빅데이터 시스템이면 빅데이터 전문가, 지리정보 시스템은 GIS^{Geographic Information System} 전문가가 참여해 많은 사람이 같이 일하게 된다.

우리가 PC, 모바일에서 사용하는 프로그램들이 대부분 이렇게 만들어진다. 각각 IT 전문가가 자기 맡은 일을 하다 보면 프로그램이 나온다. 물론 한두 명이 처음부터 끝까지 만드는 프로그램도 있지만, 일반적으로 규모가 있는 시스템은 그렇지 않다. 예를 들면 집을 짓는 일과 같다. 누구는 집을 지을 때 집의 도면을 설계하고, 누구는 벽돌을 올리고 누구는 도배하는 것처럼 프로그램을 개발할 때 많은 사람이 자기가 맡은 부분을 작업하고 프로그램 개발하는 작업은 점점 더 세분화, 전문화되어 가고 있다.

이 책을 읽는 독자는 아마 개발자가 되고 싶거나 프로그램이 어떻게 만들어지는 알고 싶은 사람일 것 같다. '나는 컴퓨터를 좋아해서 매일 인터넷을 검색하고 게임을 플레이하니 IT 회사에 취업하는 것이 좋을 것 같다'라고 생각해 프로그램 개발 분야로 진로를 정했을 수도 있다. 너무 고민 없이 진로를 정하는 게 아닌가 싶지만, 사실 내가 그런 식으로 진로를 정했다. 공부할 때는 한 시간 의자에 앉아 있기도 힘들어하던 내가 게임이나 PC 통신을 할 때는 자리에 꼼짝 않고 있었다. 대학은 자연계열 학과로 입학했지만, 학교에서 컴퓨터 동아리 활동만 열심히 하다가 결국 자퇴하고 컴퓨터공학과로 다시 입학했다.

지금까지 프로그램으로 먹고사는 것을 보면 결과적으로는 잘한 선택인 것 같다. 하지만 아쉬움이 남는다. 대학교에서 공부할 때 컴퓨터학 개론과 같은 기초 과목을 열심히 듣고 기초부터 탄탄하게 공부했다면, 그리고 내가 좋아하는 분야를 집중으로 공부했으면 더 좋은 개발자가 되었을 것이다. 대학을 졸업한 당시 나는 IT 회사에 다니는 사람은 다 개발자라고 생각했다. 하지만 막상 취업해 보니 개발자는 백엔드, 프론트엔드, 시스템, 네트워크, 모바일 등 자기가 전문으로 개발하는 분야가 있고, PM^{Project Managment}, PL^{Project Leader}, UX 디자이너, 그래픽 디자이너, DBA, 시스템 아키텍처처럼 개발자가 아닌 많은 직군이 함께 일하고 있었다. 개발자가 되고 싶은 비기너라면, 막연히 프로그램을 만들겠다는 생각보다 어느 분야의 IT 전문가가 되겠다는 식으로 자가의 진로를 구체적으로 고민하면 좋다.

IT 개발자의 면면을 소개하고 이 세계로 들어오고자 하는 비기너에게 도움이 되기 위해 글을 쓰기 시작했다. 하지만 막상 글을 쓰다 보니 오랫동안 개발 직군에 있었던 나도 모르는 부분이 많았다는 걸 알게 되었다. 더 충실한 내용을 담기 위해 몇몇 해당 분야 전문가에게 도움과 자문받으면서 글을 완성했다.

특히 오랫동안 같은 회사에서 동고동락하며 많은 프로젝트를 함께하고 이 책이 나오기까지 다양한 관점에서 도움을 준 유라영 차장, 박철 차장, 이경하 웹디자이너에게 깊은 감사를 전한다. 유라영 차장은 내가 다 담을 수 없는 여성 개발자의 일과 삶에 대해, 박철 차장은 자기가 개발자로 경험한 내용에 대해 에세이로 직접 글을 써 목소리를 보태주었다. 이경하 웹디자이너는 독자들이 책을 더 잘 이해할 수 있도록 개발화면이나 도식 등을 그림으로 그려주었다. 프로그램과 마찬가지로 이 책도 많은 이들의 손을 거쳐 완성되었다. 독자들이 이 글을 읽을 때 먼저 개발을 시작한 친한 선배들의 이야기라고 생각하고 읽어주기를 바란다. 그럼 이제 프로그래머의 세계로 들어가 보자.

```
id="p_29445946-tuc-ni...
--><span class="y-hdr-...
--><span class="y-fp-pg-...
--></a><!--
--><ul id="p_29445946-tuc-de...
    <li class=""><a class=...
    <li class=""><a class=...
    <li class=""><a class=...
    <li class="y-txt-4 y-ln...
</ul><!--
<span class="ptr y-fp-pg-co...
<a class="y-hdr-txt y-ln-1...
something to share?</
                        <li class=
```

I am a programmer

Part 1 개발하는 사람들

1 개발자의
일상

컴퓨터공학과를 졸업한 시점의 나는 구체적으로 개발할 분야를 정하지 못했었다. IT 산업이 지금만큼 발전해있지 않았기 때문에 코딩 실력도 그리 좋지 못했다. 그때 나의 코딩 실력보다 요즘 정보화고등학교에 다니는 학생의 실력이 더 나을 것 같다고 생각되는 정도다. 졸업을 앞두고 '내 개발 실력으로 어떤 회사를 취업 할 수 있을까?'라는 회의감으로 고민하던 나는 개발자 양성학원에 다니고 싶었다. 당시 그 과정의 교육비가 6개월에 500만 원 정도였던 것으로 기억하는데, 한 학기 대학교 등록금보다 비쌌다. 부모님은 교육을 들을 수 있도록 허락해주셨다. 하지만 양성과정 입학 면접에서 떨어지는 바람에 3개월 동안 프로그램 기초반 학원에 다닌 뒤에야 다시 도전해서 합격을 얻어낼 수 있었다.

내가 다닌 학원은 강남에 있었다. 아침 9시부터 오후 5시까지 수업을 듣고 6시부터 10시까지 학원에 있는 프로그램 랩실에서 개발과제 숙제를 해야 했다. 나는 그 과정이 정말 재미있었다. 특히 프로젝트 그룹 과제 수업에는 정말 흥미가 있었는데, 학원생들끼리 팀을 만들어서 한가지 프로젝트를 수행해 보는 것이었다. 초보 개발자들끼리 책과 인터넷을 찾아가면서 잘 알지도 못하는 프로그램을 좌충우돌하며 깨우쳤다. 팀을 잘 만난 덕에 즐거운 마음으로 프로젝트를 진행했고, 마지막 날 GIS을 이용한 프로젝트를 발표했다. 덕분에 나는 20여 년이 지난 지금도 GIS 프로그램으로 일하고 있다.

사실 과제를 발표한 날 우리 팀은 바로 합격하지 못하고 보류판정을 받았다. 프로그램의 한 부분의 완성이 미흡했기 때문이다. 팀원 중 나이 제일 많은 형이 완수하기로 한 부분이었는데, 시간이 짧아서 마무리가 부족했다. 당시에는 보류판정을 받은 것이 속상해 형에게 속상한 티를 내기도 했다. 그 날 저녁, 형은 회식 자리에서 미안하다는 말을 반복했다. 그때 우리 팀원이었던 후배가 나를 달래며 말을 걸어왔다. "오빠, 우린 팀이잖아. 지금까지 얼마나 같이 열심히 했어." 그 말에 6개월간 같이 울고 웃던 시간이 내 앞에 주마등처럼 펼쳐졌다. 형에게도 미안한 마음이 들어 사과했고, 일주일간 다시 열심히 노력해 합격을 얻어낼 수 있었다. 그때 팀원들과 지금도 연락을 주고받으며 일 년에 한두 번 만나고 있다. 개발자는 그 어느 직종보다 협업이 중요하다는 것을 이 관계를 통해 처음 배우게 되기도 했다.

처음 취업한 곳은 작은 프로그램 개발회사였다. 총 네 명의 직원이 최저시급을 받으면서 일했는데, 거의 매일 새벽 2시까지 개발했다. 나는 당시에 차를 가지고 출퇴근했는데, 내 차를 타고 다 같이 늦은 시간 퇴근하면서 이야기를 나눈 것이 좋은 추억으로 남았다. 무슨 할 이야기가 그렇게 많았는지 말을 쉬지 않았다. 그래서 강도 높은 일을 하면서도 힘들다는 생각이 들지 않았다. 가장 힘들었을 때는 동료들이 이직을 결정하던 때였다. 갑작스러운 동료들의 퇴사에 영향을 받아 결국에는 나도 퇴사하게 되었다. 하지만 첫 직장에서 열심히 개발을 배운 덕분에 국내 GIS 시스템 회사 중에서도 나름대로 규모가 있는 회사로 이직할 수 있었다. 300명 넘는 직원이 있는 곳이었고, 연봉도 이전보다 2배 정도 높일 수 있었다. 본받고 싶은 선임들과 회사 생활의 어려움을 터놓고 나눌 수 있는 동기들도 만났다.

많은 사람이 새로 들어오고 퇴사하기를 반복하는 것을 보며 시간이 지났다. 세상이 다양한 사람이 정말 많다는 것과 각자의 성향에 따라 사업관리, 형상관리, 백엔드 개발, 프론트엔드 개발 등으로 분야를 나눌 수 있다는 걸 알게 되었다. 결국은 모두가 자신만의 주특기를 찾아갔다. 물론 나의 사수였던 형처럼 모든 걸 잘 하는 풀스택, 올라운드 플레이어도 있었다. 사회초년 시절, 그를 보면서 개발뿐만 아니라 인간관계와 조직 생활까지 모두 잘하는 사람이 되고 싶다는 생각을 했다.

개발 프로젝트 진행은 처음부터 끝까지 사람들과의 관계가 중요하다. 개발하다가 실력이 부족할 때, 개인적으로 힘든 일이 생겨 집중이 어려울 때, 고객에게 부당한 요구를 받았을 때 옆에서 해결해 주고 도움을 주는 사람들이 항상 있었다. 20여 년간 개발자로 일하면서 항상 좋은 관계만 있었던 건 아니지만, 프로젝트에서 만난 개발자들은 모두 다 배울 점이 있었고, 덕분에 성장할 수 있었다. 요즘 판교를 중심으로 고연봉 개발자에 대한 화두가 많이 언급되어서인지, IT 개발자를 목표로 하는 취업준비생도 많아진 것 같다. 개발하는 것을 즐기고 취업을 위해 노력하는 모든 어린 친구들에게 부탁하고 싶은 말이 있다. 프로그램을 개발하는 것도 중요하지만, 프로젝트의 한 일원으로서 서로 도우며 함께 하는 개발자가 되어주기를 바란다.

Q1
소프트웨어 개발자는
어떤 일을 하나요?

대학교 기숙사에서 공대생인 룸메이트가 프로그램 개발 과제를 받았다. 매일 새벽까지 과제 프로그램을 개발하는데, 코딩할 때마다 머리를 움켜쥐고 컴퓨터를 향해 소리쳤다. "원하는 대로 다 해줬잖아. 대체 나한테 왜 그러는거야!" 때로는 울부짖었다. "이 정도 했으면 제발 좀 돌아가라고!" 때로는 싸우기도 했다. "으아, 한번 해보자는 거지?" 그런 식으로 혼잣말을 하면서 매일 날밤을 새우는데, 귀신 들린 사람을 보는 것처럼 무서웠다. 옆 침대에서 자면서도 잠꼬대로 계속 컴퓨터랑 싸우고 있었다. 이런 일의 반복이 개발자의 일상이다. 업계 안에 있는 분들이라면 모두 공감할 것이다.

대부분 신입 개발자들은 프로그램 만드는 것이 좋아서 개발자가 되려고 한다고 했다. 당연한 말이다. 하지만 개발자가 과연 프로그램 개발만 하는 사람일까? 영화나 드라마를 보면 이런 장면이 나온다. 요리사가 되고 싶어서 힘들게 큰 식당에 들어갔는데, 처음 몇 년 동안은 접시만 닦고 요리를 하지 못한다. 선배님의 요리 방법을 눈으로 담고

조리 도구들이 몸에 익숙해지면 비로소 셰프로 일할 기회가 주어지게 된다. 개발자도 비슷하다. 처음 일하는 개발자에게 처음부터 '데이터베이스 테이블 설계해서 만들고 데이터를 불러와서 게시판에 표기할 수 있도록 개발하라'라고 요청할 수는 없고, 'Web 서버에 해당 소스를 올려서 다른 사람이 사용하게 해달라'고 할 수도 없다. 만약 이런 것을 개발하라고 요청한다면 신입 개발자가 이 길은 나의 길이 아닌가 보다 하면서 그 길로 집에 돌아갈 것이다.

별일 아닌 것 같지만 프로그램 개발의 모든 일에는 담당자가 있다. 데이터베이스 설계는 DBA 담당자, 데이터를 불러오거나 검색하는 일은 백엔드 개발자, 게시판을 만들고 화면에 표출하는 일은 프론트엔드 개발자, 웹소스를 서버 올리는 일은 인프라팀에서 한다. 물론 디자인은 웹디자이너가 한다. 프로그램을 만들 때 모두 자기 분야가 있고 거기서 맡은 부분을 작업을 완료한다. 이런 프로젝트를 진행할 때 처음 기획부터 마지막 배포하는 부분까지 모두를 개발자가 참여한다고 생각하면 된다.

사람들이 일반적으로 생각하는 개발자는 프로그램이나 웹사이트 분석, 설계, 개발, 테스트 및 유지 관리하는 사람을 말한다. 프로그램을 사용할 사람이 요청하는 요구사항을 프로그램으로 개발하거나 웹사이트로 만들어 배포한다. 배포란 서버에 소스 코드를 업로드하는 작업이다. 직접 내용을 보지 않고 머리로만 이해하기는 어려운 부분이 있다. 이해가 도움이 되도록 그림을 통해 개발자가 주로 하는 작업을 단계로 구분하려고 한다. 개발의 필수 요소라고 할 수 있는 요구사항 분석, 시스템 설계, 프로그램 개발, 테스트 및 디버깅, 유지보수 등이 어떤 내용인지 차례대로 확인해 보겠다.

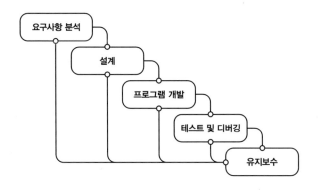

요구사항 분석 프로그램을 개발하기 전 고객과 회의하여 어떤 프로그램 기능이 필요한지 요구사항을 수집한다. 이해당사자가 원하는 요구사항을 나열하여 리스트로 정리하고, 개발이 가능한 내용인지 타당성을 분석한다. 제일 중요한 요소는 이해당사자들과의 소통이다. 프로그램에 참여하는 이해당사자의 참여를 최대한 끌어내고 이런 참여를 끌어내기 위해 비슷한 사례를 자료를 찾는다. 이해당사자들과 기획 회의를 통해 만들고 싶은 요구사항이 무엇인지 명확히 정의한다.

시스템 설계 요구사항대로 프로그램을 만들려면 어떻게 해야 할지 프로그램 구조와 기능을 설명하는 청사진을 작성해야 한다. 화면을 어떻게 표시할지 화면 정의하고 어떤 내용을 화면에 넣을 것인지 설계하는 것이다. 영화에서 시놉시스를 만드는 것처럼 그림을 그려서 표현한다. 프로그램을 개발할 때는 영화처럼 직접 종이에 그리지 않고, 파워포인트나 이미지 편집 프로그램을 사용해서 이미지를 만든다. 시스템 설계는 생각보다 매우 복잡하다. 필요한 정보를 어떻게 담을지, 전산실 안에 서버를 어떻게 배치할지, 어떤 소프트웨어를 사용할지 등 많은 부분을 설정해야 한다. 이런 작업은 전문 시스템 설계자Architector가 맡는다.

프로그램 개발 개발자는 요구사항분석과 설계를 통해 나온 설계 사양에 따라 소프트웨어를 개발한다. 개발자가 개발을 위해 코드를 작성하는 작업을 코딩 또는 프로그래밍이라 한다. 다양한 프로그래밍 언어를 사용하여 코딩하는데, 주로 사용하는 언어는 Java, Python, C++ 또는 JavaScript 등이 있다. 개발자들은 기계적으로 단순하게 코딩하는 것이 아니고 적절한 개발 방법을 사용하고 다른 사람이 보기 쉽게 코딩 표준을 준수하며 프로그램 특성에 맞는 알고리즘과 데이터 구조를 구현해 낸다.

테스트 및 디버깅 소프트웨어 결함 또는 버그를 식별하고 수정하기 위해 테스트를 수행한다. 프로그램에 테스트 사례를 만들고 개발 진행 단계별로 단위 테스트, 통합 테스트를 수행하고 때로는 품질 보증 팀과 협력하여 소프트웨어가 의도한 대로 작동하는지 확인한다.

유지보수 개발자는 프로그램을 유지·관리하고 업데이트해야 한다. 사용자 피드백을 처리하고, 소프트웨어 문제를 수정하고, 업데이트 패치를 적용하고, 사용자 요구사항을 충족하기 위해 새로운 기능 또는 개선 사항을 구현한다. 사용자와 다른 개발자가 소프트웨어를 이해하고 유지 관리하는 데 도움이 되는 기술 사양, 사용자 설명서 및 시스템 지침을 포함한 문서를 작성하기도 한다. 문서를 만들 때는 다른 프로그래머와 디자이너, 프로젝트 관리자 및 클라이언트와 협업해야 한다. 효과적인 의사소통과 팀워크는 성공적인 프로그램 개발에 필수적이다.

프로그램이 만들어지는 과정을 네 가지 단계에 대해 대략 설명해보았다. 위의 내용을 보고 무슨 말인지 한 번에 아는 사람은 많지 않을 것 같다. 사용하는 용어 자체도 실생활에서 자주 사용하는 단어가 아니라 낯설 수밖에 없다. 예를 들어 우리가 하나의 쇼핑몰 홈페이지를 만든다고 가정해 보자. 집에서 키우는 거북이 사료 전문 홈페이지를 제작한다고 했을 때 그 과정을 나열해 보는 것이다. 어느 날, 거북이 먹이를 사려고 보니 각 상품이 어떤 상품인지 정리가 잘 되어있지 않아 불편함을 겪었다. 그나마 눈에 들어오는 사이트를 살펴보니, 과자처럼 만든 펠렛 사료는 구하기 쉽지만, 건조 새우 같은 생물 사료는 구하기 힘들다는 걸 알게 됐다. 이런 부분을 개선하는 사이트를 만들면 사업이 될 것 같다는 생각으로 거북이 사료 전문 쇼핑몰을 만들게 되었다.

요구사항 우선 회원관리를 해야 한다. 회원가입 및 수정이 되는 페이지와 로그인 정보를 입력하는 페이지를 만들기로 정했다. 우리 쇼핑몰은 생물 사료 전문이라 메뉴를 생선/곤충/지렁이/기타로 구분한다. 다른 사이트와 차별화되도록 건조된 과일과 채소 사료도 메뉴에 추가해야 한다. 카드 결제와 인터넷 oo페이, 지역 화폐 결제 시스템을 도입한다. 사용자 질문을 적고 답변해 주는 Q&A 게시판을 제작한다. 이와 같은 내용을 '요구사항 리스트'로 정리하면 다음과 같다.

회원가입 및 수정 페이지

로그인 페이지

메뉴 상품목록

{생선 · 곤충 · 지렁이 · 과일/채소 · 기타}

결제 페이지

사용자 Q&A 게시판

설계 웹디자이너는 사용자가 보기 좋도록 사이트의 각 페이지 초안을 이미지 편집 툴을 사용해서 JPG 이미지 파일로 제작한다. 회원가입 페이지, 로그인 페이지, 상품 설명 페이지, 결제 페이지, 사용사 게시판 페이지 등이 있다. 모든 데이터의 정보를 관리하는 DBA는 데이터베이스에 회원 테이블, 상품 테이블, 결제정보 테이블, 게시판 테이블에 대한 설계를 완료했다. 테이블이란 데이터베이스에 데이터를 넣을 수 있는 큰 표로, 라틴어 tabula에서 유래되었고 글이나 그림을 새기거나 쓰는 데 사용되는 표 형태의 테이블을 의미한다. 데이터베이스에 데이터를 표 형태로 담는 저장소 역할을 한다.

개발 개발자는 웹디자이너가 만든 JPG 이미지 초안을 인터넷 브라우저에서 읽어서 사용할 수 있는 HTML 페이지를 만든다. 인터넷 브라우저에서 읽어 표현할 수 있는 문서의 구조나 서식을 말하며, 파일 확장자가 htm 또는 html이다. DBA는 설계된 테이블을 데이터베이스에 실제 테이블로 생성한다. 백엔드 개발자는 테이블에 읽고 쓰고 지울 수 있는 API를 개발해 서버에 올린다. API란 다른 프로그램들이 서로 소통하고 데이터를 주고받을 수 있도록 해주는 중간 다리 역할을 하는 기능을 말한다. 프론트엔드 개발자는 API와 HTML 페이지를 합쳐서 웹브라우저에 작동할 수 있는 페이지를 제작한다. 모든 소스를 서버에 올린다. 이런 작업을 배포라고 한다.

테스트 반드시 거쳐야 하는 것이 테스트 단계다. 실제 물건을 살만한 사람에게 요청하는 피드백을 받을 때도 있고, 전문 테스터가 작업하는 경우도 있다. 이번 거북이 사료 쇼핑몰은 몇몇 아는 지인 사용자에게 불편한 점과 오류를 확인해 달라고 요청했다. 이번 쇼핑몰 개발도 테스트에서 오류를 발견했다. 같은 물건을 두 번 연속 구입하는 경우 묶음 배송이 되지 않고 각각 배송되어 배송비가 2번 발생하는 오류가 있었다. 해당 부분을 찾아서 수정하고 쇼핑몰을 오픈했다.

유지보수 개발 후에도 유지보수 및 관리가 필요하다. 쇼핑몰이 거북이 사료 쇼핑몰로 검색 사이트 검색 1위를 하며 장사가 잘 됐다. 더 많은 종류의 사료를 추가로 올려달라고 사용자 게시판에 요청이 있었다. 그래서 사료의 종류를 20종류에서 40종류로 추가하는 목록 추가 소스 수정 작업을 진행했다. 추후 파충류, 양서류 사료 쇼핑몰로 더 쇼핑몰을 확장할 것을 염두에 두고 추가 요구사항 분석을 시작했다.

이 모든 작업은 가상으로 상상하여 프로젝트 한 사이클을 설명한 것이다. 실제 프로젝트도 이와 비슷하다. 프로그램 개발은 범위가 넓고 다양한 개발자가 웹 개발, 모바일 앱 개발, 게임 개발, 데이터베이스 관리, 인공지능 또는 보안과 같은 다양한 영역에서 전문성을 가진다는 점에 유의해야 한다. 실제 프로젝트에서는 개발 일정이나 비용을 관리하는 사업관리, 소스의 버전 및 이슈관리를 하는 형상관리, 매뉴얼과 같은 문서를 관리하는 문서관리가 덧붙는다. 이 작업도 모두 개발의 중요한 부분이라고 생각해야 한다.

Q2
개발자의 일과는
어떻게 되나요?

입사 전 꿈꾸는 개발자의 삶

9:00   탄력근무제를 활용해 늦게 기상해서 여유롭게 아침 토스트를 먹는다. 회사 근처 오피스텔에서 나와 전동 킥보드를 타고 출근한다.

10:00 출근 후 회사 근처 스타벅스에서 동료들과 이야기를 나누며 카라멜 마끼야또를 한 잔 마신다.

10:30 메일을 확인하니 프로그램 수정사항이 와있다. 확인하여 간단히 수정을 시작하고 한 시간 내로 완료한다.

11:30 구내 카페테리아에서 뷔페식으로 식사한다.

12:00 사내 휘트니스로 직행하여 운동을 시작한다.

13:00 내부 개발 회의에 참석한다.

15:00 식곤증이 와서 잠시 개발자 휴게실 안마 의자에서 낮잠을 잔다.

16:00 추가 업무가 있는지 메일을 확인했으나 찾는 사람이 없다.

17:00 퇴근

입사 후 실제 개발자의 삶

7:00   기상

9:00   회사 출근과 함께 메일을 읽고 전날 개발하던 프로그램을 이어서 개발한다.

10:00 PM한테 빨리 일 끝내라고 한소리 듣는다.

12:00 회사 근처 김밥천국에서 제육덮밥 식사 후 양이 많은 저가 커피전문점에서 쿠폰을 사용한 아이스 아메리카

노를 한잔 들고 회사로 복귀한다.

13:00   프로그램 개발을 다시 시작한다. 수정 메일이 많이 와
서 정신이 하나도 없다.

15:00   졸린데 PM이 자리로 와서 오늘까지 꼭 작업 끝내라
고 독촉한다.

18:00   일이 다 안 끝나서 야근해야 한다. 순대국집 가서 순
대국 특대로 식사한다.

19:00   회사 복귀하자마자 PM이 다시 와서 오늘 꼭 끝내라
고 다시 한번 강조한다.

22:00   PM이 자리 비웠을 때 몰래 퇴근한다.

기본적으로 개발자들의 하루는 바쁘다. 작업이 한창 바쁠
때는 밤샘 작업을 해야 할 정도로 일이 많다. 물론 상상과
실제상황의 괴리가 예시로 든 상황만큼 큰 것은 아니지만,
개발자가 되기 전에 생각했던 이상적인 개발자의 모습과
는 확실히 차이가 있다. 물론 이 부분은 맡은 작업이나 근
무하는 회사, 개발하는 프로젝트에 따라 다를 수 있다. 오
늘 나의 하루를 시간순으로 시간 정리하면 다음과 같다.
아침에 출근하면 우리 팀은 간단한 티타임을 하면서 개발
할 작업의 우선순위를 정하고 그날의 작업할 나의 목표를
계획함으로써 하루를 시작한다.

티타임 때는 우리가 작업 할 일(To-Do), 어제 내가 한일
(Done)과 오늘 할 일(Doing) 그리고 개발하다가 생긴 문

제점(Issue)을 이야기한다. 물론 잡담도 한다. 아침에 진행하는 티 타임은 지루한 업무 이야기를 하기보다는 가벼운 잡담으로 서로의 개발 이슈를 나누되 절대 30분 이상 시간을 뺏지 않는 것이 중요하다. 최근 회의에 들어가 보면 결론도 안 나오는 회의를 장시간 진행하는 경우가 있다. 이런 상황을 막기 위해 회의 종료 시간을 정하고 시간 체크를 위해 회의실에 모래시계를 배치하기도 한다.

각자 자리로 돌아가 컴퓨터 전원을 켠 뒤에는 가장 먼저 이메일, 사내 메신저를 확인한다. 형상관리 서버에 작업 스케줄을 파악한 뒤 본격적으로 개발을 시작한다. 오늘 개발할 목표를 정하면 대부분은 일반적으로 코드를 작성하고 소프트웨어 개발 작업을 수행한다. 개발자는 종일 프로그램 개발만 하지 않고 회의나 문서작업도 병행한다. 오늘 우리 개발자들은 다른 팀 개발자, 디자이너, 프로젝트 관리자와 공동 작업을 위해 회의에 참여하여 여러 가지 이슈를 논의했다. 최근에는 개발자들이 개발에만 집중할 수 있도록 PL이 대표로 회의 참여하는 사례도 많아지고 있다. 개발할 내용을 정리해서 일을 나눠주고 일정에 문제가 발생할지에 대한 여부를 체크하는 식이다.

대부분은 정시에 퇴근하지만, 개발자 중에는 집중이 잘될 때나 다른 사람이 없는 조용한 시간에 개발하기를 원하는 사람도 있다. 이 때문에 업무 시간 외에 야근하는 경우도 꽤 많다. 이런 개발자들을 위해 원하는 시간에 출근해서 일주일 40시간 근무하는 업무형태를 도입하는 회사가 늘어나고 있다. 퇴근할 때 제일 중요한 일 중 하나는 진행 상황을 검토하고 개발한 작업 상태 및 소스를 업데이트하는 것이다. 개발 소스관리 시스템(형상관리시스템)에 제대로 저장했는지 확인해야 한다. 쉽게 말해서 오늘 개발한 것을 공용서버에 저장하여 진행사 PM이 진행 상황을 알 수 있게 하고, 공통으로 사용할 수 있는 소스의 중복 개발을 막고, 내가 개발한 다음 부분부터 다른 사람이 작업할 수 있게 공유하는 것이다.

개발자의 일반적인 일정을 설명했다. 하지만 시기에 따라 매일 하는 일이 달라지기도 한다. 시스템 오픈 직전에는 테스트 위주의 작업을 하고, 개발 소스 코드를 리뷰할 때는 남의 작성한 소스를 보면서 잘못된 점을 적나라하게 비판하기도 한다. 신입 개발자들은 회사 일과 이후 여러 가지 취미 생활을 열심히 한다. 자기계발 및 기술 향상을 위해 시간을 보내는 사람도 많다. 개발자는 새로운 환경에 적응을 빠르게 할 수 있어야 하는데, 너무 기술이 빨리 변하고 있어서 새로운 기술을 공부하지 않으면 우물 안의 개구리 같은 개발자가 되기 쉽다.

Q3
필수적인 코딩 능력은
어느 정도인가요?

개발자가 필수적으로 갖추어야 할 코딩 능력이 어느 정도 인지에 대한 정답은 없다. 코딩 실력은 경력이나 사용하는 언어에 따라서도 차이가 나고, 자신의 주특기가 무엇이냐 에 따라서도 차이가 있다. 특히 경력은 더 그렇다. 당연한 얘기지만 일 년 용접해 본 용접공과 십 년 용접해 본 용접 공의 실력이 차이 나는 것과 같다고 생각하면 된다.

프로그램 언어도 종류가 너무 많다. C++ 프로그래머같이 윈도우 프로그램 개발자가 홈페이지용 웹사이트 프로그램 까지 잘 다루는 경우는 매우 드물다. 모두 자신이 잘 코딩 하는 프로그램 주특기가 있으니 그에 맞게 훈련하면 된다. 웹 개발자의 경우 HTML, CSS, JavaScript를 잘해야 하고, 모바일 개발자는 Java, Kotlin, Swift를 잘해야 한다. 또한, 데이터 분석가는 Python, R을 잘해야 하며 보안 전문가 는 C, C++, Java를 잘해야 한다. 개발하고 있는 업무영역 도 중요하다. 은행 업무 프로그램을 잘 만드는 사람은 주 로 금융권에서, 게임 프로그램을 만드는 사람은 게임회사 에서 코딩한다.

신입 프로그래머일 경우 이런 세부 스킬보다는 프로그램의 일반적인 기본 지식이나 문제가 발생했을 때 처리할 수 있는 기본적인 알고리즘 능력을 가지고 있어야 한다. 이런 기본이 없으면 전문 프로그래머가 되는 시간이 상대적으로 길어진다. 그리고 직접 로직을 이해하고 코딩하는 것이 아니라, 생각 없이 기능만 돌아가는 프로그램을 만드는 코더coder가 된다. 코더는 개발의 내용은 모르지만, 책이나 인터넷에서 다른 사람을 소스를 보고 기능만 구현하는 사람을 말한다. 여기서 언급한 알고리즘 능력은 문제 해결 능력이다. 예를 들어, 페퍼로니 피자를 배분할 때 어떻게 나눠줘야 할지를 고민하는 능력이다. 단순히 부피로 나누는 것이 아니고 페퍼로니 피자의 햄까지도 어떻게 나눠야 가장 공평하게 줄 수 있을지 방법을 고민하는 것이다. 이런 디테일이 있어야 알고리즘 능력이 있다고 할 수 있다.

신입 프로그래머에게 제일 먼저 코딩해 보라고 하는 프로그램이 2가지가 있다. 첫째는 게시판 개발이고, 둘째는 한 컴오피스의 산성비 게임이다. 이 둘은 어떤 개발을 하더라도 가장 기본이 되는 프로그램이며, 기초적인 개념을 익히는데에도 가장 유용하다. 게시판 개발을 하다 보면 그리드 컴포넌트와 같은 컴포넌트 사용법이나 데이터베이스에 저장된 내용을 읽어서 게시판에 추가하는 방법과 같은 가장 기본적인 업무 모듈을 알 수 있다. 산성비 게임을 만들어 보면 컴퓨터의 동작을 알려주는 이벤트와 알고리즘의 중요성을 알게 된다. 컴포넌트는 게시판의 내용을 표 형태로 정렬하여 보여주는 기능을 말한다. 신입 때는 소스의 설명인 주석을 줄 단위로 쓰는 것이 좋다. 한 줄 한 줄 주석을 달면서 그 소스 한 줄이 정말 필요힌지 고민해아 한다.

물론 신입 개발자가 갖춰야 할 것은 프로그램 개발뿐만이 아니다. 논리적인 사고력, 문제를 해결하는 능력, 구성원들 간의 협업 능력을 두루 얻는 것이 중요하다. 하지만 프로그램 개발 능력을 충분히 갖추면 개발자로서의 첫 시작을 순조롭게 할 수 있다. 계속해서 노력하고 많은 경험을 쌓다 보면 개발 능력도 향상된다. 코딩 실력과 함께 문제 해결 능력까지 갖춘 개발자라면 우수한 개발 환경에서 좋은 대우를 받으며 개발할 수 있게 된다.

Q4
개발 외의
기타 업무도 있나요?

개발자들은 항상 개발에만 집중할 수 있게 해달라고 한다. 하지만 경험상 개발에만 전념해서 일한 적은 별로 없었던 것 같다. 물론 그런 개발자가 없는 것은 아니지만 환경에 따라 개발 외에 다른 일을 하게 될 때가 많다. 오늘만 해도 2번의 회의 참석과 1개의 문서를 제출했다. 오늘 진행한 회의는 요구사항 분석 회의, 코드 리뷰 회의였다. 전자는 프로그램을 어떻게 만들면 사용자가 문서로 준 요구사항을 충족할지를 서로 얘기하는 회의였고, 후자는 우리가 불필요한 소스 없이 효율적으로 작업을 했는지 개발 코드를 보며 의견을 나누는 회의였다. 마지막 문서작업은 지난 일주일 동안 어떤 기능을 개발했고 이슈가 있는지 보고하는 주간보고서였다. 문서 작성과 회의 참석은 코딩과 상관이 없지만, 프로젝트 진행에 없으면 안 될 만큼 중요하다. 이런 일은 아주 많다. 일상적으로 많이 접하게 되는 업무를 정리해 보면 다음과 같다.

문서 작성 개발자들은 개발 과정에서 작성한 코드를 문서화 해야 한다. 문서화는 코드를 이해하고 유지·보수하는 데 필수적이다. 프로젝트에 문서는 요구사항 정의서, 데이터베이스 설계서, 프로세스 상세설계서, 화면 정의서, 매뉴얼 등이 있다. 개발자가 전부 작성하지는 않지만 자기가 개발한 기능은 개발자 자신이 가장 잘 알기 때문에 해당 기능을 개발한 개발자가 작성하는 경우가 많다.

회의 개발자들은 프로젝트의 원만한 진행을 위해 회의에 참석해야 한다. 회의에서 개발자는 프로젝트의 진행 상황을 파악하고, 다른 개발자들과 협력해야 할 부분을 의논한다. 회의에서 주로 논의하는 내용은 프로젝트 정보 공유 및 의사 결정, 문제해결 방안 마련, 프로젝트 관리 등 프로젝트의 효율적으로 수행을 위한 회의를 한다.

테스트 테스트는 개발이 완료된 이후 체크하는 것이 일반적이지만 프로그램 베타 제품이나 테스트 사이트를 오픈했을 때 개발자는 자기가 개발한 코드를 집중해서 테스트한다. 테스트는 개발한 소스의 품질을 보장하기 위해 정말 중요한 부분이다.

배포 개발한 코드를 유저가 사용할 수 있게 배포해야 한다. 웹사이트 배포는 개발한 소스를 서버에 올려 유저가 사용하게 하는 것이고, 어플리케이션 프로그램 배포는 컴퓨터 설치 EXE 파일로 만들어 모바일은 설치 가능하도록 앱스토어에 올리는 작업이다. 프로그램 개발의 마지막 순서라고 할 수 있다.

유지보수 개발자는 개발한 코드를 유지·보수해야 한다. 프로그램의 오류를 수정하고 성능이나 기능을 개선하는 작업을 말한다. 일반적으로 SM^{Software Maintenance}이라고 부르며 개발된 프로그램의 코드의 오류를 수정하고, 새로운 기능을 추가하는 과정이다.

이해를 돕기 위해 우리 팀에 있었던 일로 사례를 들어보겠다. 개발을 요청한 부서와 2개의 **회의**가 있었다. 첫 번째 회의는 지역별 미세먼지를 지도에 표현하는 기획 회의였다. 사용자는 디지털 지도에 미세먼지가 위험이면 빨간색, 보통이면 초록색 좋음이면 파란색으로 해당 위치에 표시해 달라고 했다. 우리가 받은 값을 10~6까지는 파란색으로 '좋음', 5~3까지는 초록색으로 '보통', 2~1까지는 빨간색으로 '좋지 않음', 그리고 값이 안 들어오는 경우는 노란색 '모름'으로 표기하기로 했다. 두 번째 회의는 디자이너와 같이 참석했는데, 우리가 신규 개발할 시스템의 디자인 시안인 이미지 파일을 보면서 사용자가 구상한 화면으로 나왔는지 같이 검토하는 회의를 진행했다.

유지보수와 **테스트작업**으로 오후에 메일을 하나 받았다. 화면에 통계정보 화면이 안 나온다는 것이다. 해당 기능 개발한 프로그래머와 기능 테스트작업과 로그 정보를 확인해 보니 통계 데이터를 제공하는 부서에서 값을 입력하지 않았다. 그 자리에서 바로 유선 연락해 값을 입력해달라고 요청했다. 값을 입력한 후 확인하니 정상으로 화면이 통계 정보가 표시됐다. 이렇게 오류 수정 작업을 완료했다. 이런 작업을 유지보수와 테스트라고 한다. 해당 테스트의 원인과 조치한 내용, 그 화면을 캡저하여 조치결과서라는 문서로 만들었다. 그 후 유지보수를 요청한 팀의 메일로 첨부해 회신했다. 이런 일을 문서작업이라고 한다.

배포 작업은 매주 목요일에 일괄 진행된다. 배포 전날인 수요일에는 소스 수정 후 배포하는 파일 목록만 개발자들과 공유하여 리스트로 작성했다. 배포는 사람들이 사용하지 않을 때 해야 하므로 야간작업으로 진행한다. 누구나 자주 방문하는 사이트에서 새벽에 잠시 사이트 이용이 중지된다는 공지를 본 적이 있을 것이다. 바로 그 시간에 개발자들이 시스템 반영 작업을 진행한다. 배포가 끝나면 시스템이 정상 작동하는지 테스트를 진행한다. 테스트는 시스템에 변경이 일어나면 무조건 해야 하는 작업이라고 생각하는 것이 좋다.

Q5
자기계발 차원에서
하는 일도 있나요?

H사 프로젝트를 맡았을 때였다. 아침 일찍 출근했는데 이미 많은 개발자가 회의실에 모여 정보처리 기술사 자격증 스터디를 하고 있었다. 혈기 왕성한 젊은 개발자부터 나이가 지긋한 분까지 다양한 사람들이 보였다. 매일 아침 7시에 모여 각자 공부하고 한 시간 토의하며 정보를 교환한다고 했다. 옆 회의실에는 회사 내부 교육으로 스페인어를 공부하는 팀이 있었다. 다른 회의실에서도 많은 사람이 업무 전에 자기 계발을 위해 무언가를 진행했다.

점심시간에는 많은 직원이 식사를 간단히 하고 시간을 내서 헬스장에 가 운동하거나 화상통화로 영어회화를 공부했다. 가장 특이했던 건 모여서 한국사능력검정시험을 준비하는 무리였다. 사실 H사 외에도 대부분 개발자들은 자기계발에 열심히 참여하는 편이다. 기술이 빠르게 발전하다 보니 그에 발맞추어 생긴 문화라고 생각된다. 물론 앞에서 나열한 것들 보다는 개발자의 본업에 맞는 온라인 강좌를 듣고 프로그램을 개발하는 경우가 많다. 더 나은 개발자가 되기 위해 할 수 있는 노력이다.

코딩 강좌는 온라인에서 무료로 제공되는 강좌부터 정규 교육 과정까지 다양하게 있다. 최근에는 유튜브에 좋은 강좌들이 많은데 이런 온라인 강좌는 화면을 보면서 따라 하다 보면 징밀 쉽게 여러 가지 기술을 익힐 수 있다. 좀 더 체계적인 온라인 강의를 원하는 사람은 Coursera에서 제공하는 강의를 참조하면 좋다. Coursera는 2012년 스탠포드대학 앤드류 응, 다프테콜러 교수가 설립한 온라인 오픈 교육 플랫폼이다. 유명 대학의 강좌를 온라인을 통해 유료, 무료로 제공한다. 물론 영어강좌를 주로 제공하지만, 최신 IT 기술 교육을 받을 수 있는 사이트이다.

www.coursera.org

책을 읽는 것도 도움이 된다. 최근에는 기술이 너무 빨리 변해 책이 출판되기도 전에 그 기술을 익혀야 할 때도 있다. 하지만 코딩디자인패턴, 알고리즘과 같이 개발자가 기본적으로 알아야 하는 기술 서적은 꼭 읽어봐야 한다. 기술 서적뿐만 아니라 소설, 시, 철학 서적 등 다양한 책을 읽으면서 개발지의 사고력과 창의릭을 향상하는 것도 중요하다. 개인적으로는 프로그래머 출신 작가 임백준 님의 책이 많은 도움을 받았다. 별명이 '임작가'일 정도로 출간한 책이 많고, 아직 개발을 잘 모르는 시기에 개발자란 무엇인가를 글로 알 수 있어서 신입 개발자들이 자신에게 맞는 책을 골라 읽을 수 있다.

블로그를 읽고 신규 개발 기술이나 다른 개발자들의 경험을 배울 수도 있다. 블로그에는 다양한 최신 기술 및 IT 기본이 되는 주제의 글이 게시되어 있으며, 요즘 개발자들은 블로그를 통해 최신 기술 트렌드와 개발 노하우를 얻을 수 있다. 개발 블로그로 어떤 것이 좋다고 추천하기는 애매하다. 기술이 급변하다 보니 지금 좋은 블로그가 1년만 지나도 쓸모가 없어지는 경우도 있기 때문이다. 구글이나 네이버와 같은 사이트에 검색하여 필요한 정보와 사이트를 찾는 것이 좋을 것 같다.

개발자는 온라인 및 오프라인 커뮤니티 활동을 통해 다른 개발자들과 교류할 수 있다. 커뮤니티에서는 개발자들이 서로 질문하고 답변하며, 정보를 공유한다. 온라인에서 활성화된 커뮤니티는 종종 오프라인 모임으로 진행되어 세미나 및 친목 모임을 하는 경우가 많다. 개인의 실제 개발 경험을 듣는 것은 어디서도 얻을 수 없는 고급 정보이다. 초보자 때 이런 코딩고수를 만나서 꿈을 키워 보는 것도 좋다. 국내 개발자 커뮤니티 중에는 OKKY가 유명하다. 실제 개발을 하다 보면 방문하지 않을 수 없을 정도로 Q&A가 잘되어 있어 대부분 개발자가 가입한다.

okky.kr

프로젝트에 참여하여 실무 경험을 쌓을 수도 있다. 회사에 다니지 않는 한 협업하는 프로젝트에 참여하기는 쉽지 않다. 하지만 비영리로 한 가지 개발 목표를 가지고 누구나 프로젝트를 참여할 수 있도록 만들어진 오픈소스 프로젝트가 있다. 오픈소스 프로젝트란 소스 코드가 공개되어 누구나 자유롭게 확인, 수정, 배포할 수 있는 소프트웨어 개발 프로젝트다. 특정 개인이나 기업의 독점이 아닌, 전 세계 개발자들이 함께 참여하여 만들어가는 공동체 기반의 프로젝트를 말한다. 이런 프로젝트 참여는 개발자의 기술력을 향상한다. 구글이나 애플과 같은 글로벌 기업은 이런 활동을 취업에 매우 중요한 지표로 사용한다. 깃허브와 깃랩 사이트를 활용하면 다양한 오픈소스 프로젝트에 참여할 수 있다. 코드수정이 아닌 단순한 주석이나 한글화 작업으로 참여하는 것도 가능하므로 어렵게 생각하지 말고 우선 도전해 볼 것을 추천한다.

www.Github.com / www.Gitlab.com

2   개발자의
조건

2008년 2월

계절은 빠르게 봄으로 나아가고 있는 것 같다. 하지만 나는 작년 12월부터 한 걸음도 나아가지 못하고 있다. 오늘은 또 어떻게 면접을 보게 될지 긴장되어 또 머릿속이 하얘지고 있다. 작년부터 IT 개발자 교육을 받던 센터의 소개를 받아 회사에 이력서를 넣었다.

소개를 통해 넣는 이력서라 서류전형은 계속 통과하지만, 면접에서는 매번 떨어진다. 나는 면접을 볼 때마다 다짐한다. '이번이 마지막 면접이라고 생각하자. 이번에도 면접에서 탈락하면 개발자는 접고 다른 일을 찾아보지.' 면접장에서 대기 할 때마다 같은 생각을 하지만 정신을 차려보면 나는 또다시 면접을 기다리고 있다.

이전에 본 면접들은 평생 잊을 수 없는 기억으로 남아있다. 평생에 가장 큰 흑역사를 썼기 때문이다. 내 자존감은 바닥을 치다 못해 지하 어딘가로 계속 끌려 내려가고 있다. 내성적인 나는 면접일이 잡히면 그때부터 생각이 많아진다. 예상질문과 답변으로 머릿속이 꽉 차다가도 정작 면접 장소에서는 한순간에 백지가 되어버린다.

직전 면접에서 면접관의 질문은 "본인이 가장 자신 있는 부분을 얘기해 보세요."였다. 나는 이렇게 대답했다. "저는 OOP객체 지향 프로그래밍를 완전히 이해하고 있습니다. 그래서 Java 개발은 확실하게 잘 할 자신이 있습니다." 몇 초간 정적이 흘렀다. 세 명의 면접관은 얼굴에 약간의 미소를 띄웠다. '대단한 녀석이 왔구나' 하고 생각하는 것만 같던 면접관들의 표정을 잊을 수가 없다.

면접관들은 나에게 A4용지와 펜을 주면서 구구단 코드를 작성해보라고 했다. 하지만 나는 긴장한 나머지 구구단 코드에서 가장 중요한 조건문 부분에서 실수했다. 꺽새를 반대로 작성한 것이다. (i)10) OOP를 '완전히 알고 있다'라고 말해놓고 구구단 코드는 모르는 사람이 되었다. 나의 자신감은 그렇게 스스로 지하실로 내려갔다.

이 글은 나와 통신사 개발 프로젝트에 함께 참여하여 일해 온 박철 개발자의 신입 시절 일기다. 자신감이 지하실까지 내려갔던 그는 사회에 잘 적응해 믿음직스럽고 훌륭한 개발자가 되었다. 사실 그는 면접에서 많이 떨었을 뿐 실제로 실력이 있었다. 군대 제대 후 복학해서 학교생활을 하던 중 교수님의 추천으로 그 당시 유명했던 쌍용개발교육 센터에서 교육을 받았다. 8개월 간의 커리큘럼과 조별과 제를 이수해 좋은 결과를 냈다. 이처럼 자신이 가진 실력과 열정이 있어도 처음 시작하는 입장에서는 어려울 수 있다. 이번 장에서는 처음 개발자에 도전하는 이들에게 어떤 것들이 필요한지 담아보려고 한다. 박철 개발자의 일기를 함께 읽은 후 인터뷰한 내용을 정리했다.

오래된 이야기이긴 하지만 기억을 더듬어봐 주시겠어요?

사실 제가 가진 자신감은 근거 없는 것이 아니었습니다. 군에서 제대한 후 복학했을 때는 학교생활을 꽤 열심히 했고 그 모습을 좋게 보신 교수님이 특별히 쌍용개발교육센터에 저를 추천해주셨습니다. 졸업을 하려면 한 학기가 남은 상황이었지만, 학점인정을 받으며 교육을 들었습니다. 교육은 총 8개월 과정의 커리큘럼으로 구성되어 있었고 JAVA 4개월, Web Html javascript css 1개월, 데이터베이스 오라클 2개월을 거쳐 나머지 기간은 조별 프로젝트를 진행하는 것으로 했습니다. 제대로 된 개발 수업은 처음 듣는 것이라 초반에는 따라가기 어려웠지만 노력해서 진도를 놓치지 않으려고 했습니다.

어떤 마음으로 과정을 수료한 것 같나요?

완벽하게 이해하지 못하더라도 일단 부딪혀보자는 마음으로 따라했고, 모르는 용어가 나오면 검색하고 만들어 보는 습관을

들였습니다. 그렇게 수업에 참여하다 보니 조장으로 뽑혀 프로
젝트를 수행하게 되었습니다. 다른 조는 진행도 매끄럽게 되지
않고 완성도 힘들어 보였지만, 우리 조는 달랐습니다. 조장으
로 노력한 것이 조원들의 적극적인 참여와 더불어 좋은 결과를
이끌어냈습니다. 그 경험을 바탕으로 개발자로서 자신감을 가
지게 된 것 같습니다.

처음 개발을 시작하는 사람에게 적당한
커리큘럼이란 무엇일까요?

저는 JAVA로 프로그램 언어의 기본기를 익히고 이후에 데이
터를 가져와 사용할 수 있는 ORACLE 데이터베이스를 작동하
는 SQL을 추가로 더 공부했습니다. 프론트엔드 개발자였지만,
JAVA 코드와 데이터베이스 연동과 SQL 쿼리 문법까지 배워서
백엔드 개발자의 업무 스킬도 대부분 익혔습니다. 하지만 처
음 개발을 시작할 때 생각이 뒤죽박죽 섞여서 정리가 잘 안 된
다면 메모장에 그림으로 그리는 연습을 해도 많은 도움이 되는
것 같습니다. 우선은 한가지 프로그램 언어에 중점을 둔 기본
기를 단단하게 하는 것이 좋습니다.

신입 개발자에게 하고 싶은 이야기가 있나요?

지금도 가끔 개발자 커뮤니티에 들어가서 개발을 배우고 싶어
하는 친구들의 글을 읽고 있습니다. 커리큘럼에 관련한 글이
꾸준히 올라오는데, 사실 개발 교육은 정해진 것이 없습니다.
트렌드에 따라 커리큘럼이 짜일 수도 있고 유행처럼 지나가는

Part 1 개발하는 사람들

기술을 배울 수도 있습니다. 언제나 트렌드나 유행이 중요하기 때문입니다. 하지만 기본기만큼 중요한 것은 없습니다. 시작하는 단계에서는 JAVA 언어를 사용하는 것을 추천하지만, 다른 언어 무엇을 다루든 깊이 있게 한 가지를 익혀야 합니다. 메인으로 정한 개발 언어를 충분히 다룰 수 있게 되면 이미 그 과정에서 자료구조와 알고리즘도 자연스럽게 공부가 되었을 것이기 때문입니다. 하나의 언어를 익히고 나면 문제 해결을 위해 어떤 방식의 설계와 코딩을 할지 머릿속에 자연스럽게 그릴 수 있습니다.

개발자가 되는데
학력 제한이있나요?

인도에는 카스트라는 신분제도가 있다. 평생 자신의 신분을 넘어서기가 힘들다고 한다. 하지만 IT 산업이 발달하면서 카스트 제도의 영향을 적게 받는 직업이 생겼다. 바로 프로그래머가 그에 해당한다. 많은 학생이 계급을 탈출하기 위해 인도에서 인기 있는 공과대학의 IT 관련 학과로 입학한다. 입학 경쟁률은 50대 1을 넘는다. 하지만 그것을 뛰어넘어 졸업한 대학생은 인도에서 최상위 연봉을 받는 프로그래머가 되거나 글로벌 IT 기업에 취업한다. 우리나라 상황도 크게 다르지 않다. 한번은 고등학생이 만든 프로그램을 많은 사람이 사용하게 되어 대학에 입학도 하기 전에 유명 포탈에 스카우트 되었다는 기사를 본 적도 있다.

개발자로 일하다 보면 다양한 분야의 프로젝트를 진행하게 된다. 그 안에서 다양한 개발자도 만나게 된다. 짧게는 1~3개월, 길게는 1년 이상의 기간에 같은 프로젝트를 진행한다. 하지만 그 과정에서 같이 일하는 사람의 학력이 어떻게 되는지는 알 수 없을 뿐더러 궁금하지도, 중요하지도 않다. 대신 그 사람이 프로젝트 안에서 역할을 잘 수행하는지, 팀원들과 원활한 의사소통을 통해 문제점을 해결하고 프로젝트를 잘 마무리하는지 등은 매우 중요하다. 성공한 프로젝트는 이후에도 자신의 능력을 증명해줄 수 있고, 좋은 경력으로 남는다. 따라서 개발자가 되고자 하는 사람에게는 열정과 실력을 키우는 데 집중하라는 조언을 하는 편이다.

최근 많은 기업에서 학력 제한 없이 채용 공고를 하는 경우가 많아졌다. 이는 학력만으로 개발자의 능력을 확인하기 어렵다는 인식이 퍼지고 있기 때문인 것 같다. 이러한 학력 파괴 공고로 기업은 개발자의 다양성을 높이면서도 좋은 인재를 발굴할 수 있는 장점이 있다. 하지만 진입 장벽이 낮다 보니 구직자의 지원이 많이 몰린다. 꼭 필요한 인재를 발굴하기 위한 다양한 평가와 방법이 필요해졌다. 그러다 보니 학력을 보지 않는 기업에 개발자로 지원하기 위해서는 본인을 능력을 보여주기 위한 준비가 많이 필요하다.

먼저, 다양한 프로젝트에 대한 경험을 쌓아 본인의 능력을 입증할 수 있도록 한다. 채용 시 개발자에게 요구되는 테스트 즉, 코딩 테스트 등을 위한 실력을 향상하고 테스트 준비를 해야 한다. 마지막으로 임원 면접 시 본인이 기업에 대해서 얼마나 알고 열정이 있는지 어필하기 위해서는 지원하는 기업에 대한 문화 및 비전에 대해 충분한 조사와 이해가 있어야 한다. 이러한 노력과 능력이 갖추어진다면 학력과 무관하게 훌륭한 개발자가 될 수 있을 것이다.

물론 아직은 개발자 채용 시 대졸이거나, 전공자인지 아닌지를 보는 회사 역시 많이 있는 편이다. 이전에 내가 개발자로 시작할 때는 대부분의 채용 공고에서 대학교 졸업 및 그 이상을 요구하는 경우가 많았고, 자기소개서 및 이력서에 개인정보를 기재해야만 했고, 면접장에서도 아무렇지 않게 물어봤다. 학연, 지연, 혈연의 의미가 더 깊고 서로 끌어주고자 하는 문화가 더 깊었던 시대에는 학력을 더 중요시 했다. 하지만 요즘은 개발자가 되기 위한 다양한 인턴십도 많이 준비되어 있다. 지원하고자 하는 분야 및 기업을 연구하고 공부하면서 채용의 문을 두드린다면 충분히 가능할 거라고 본다.

최근 개발자에 대한 수요가 증가해 기업의 채용 공고가 늘기는 했지만 사실 대부분의 기업은 경력과 실력을 중요시하는 분위기다. 고졸 개발자의 경우 경력이나 프로젝트 경험이 있는 경우에만 채용을 고려하는 경우가 많다. 만약 고등학교 졸업 후 대학 진학 없이 바로 취업을 하고 싶다면, 컴퓨터 공학을 전공한 비슷한 수준의 실력자보다 본인이 어떤 면에서 강점이 있고, 그 사람이 아닌 본인이 채용되어야 하는지 명확하게 말할 수 있어야 한다.

그렇다면 본인이 왜 채용되어야 하는지에 대한 구체적인 채용 전략이 필요하다. 예를 들어 개인 프로젝트를 진행하여 홍보하거나 오픈소스 프로젝트에 기여하는 것도 좋은 방법이다. 또한, 인턴십이나 계약직으로 일하면서 경험을 쌓을 수도 있는 방법도 있다. 실력을 키워 학력에 대한 차별을 줄이기 위한 본인의 노력이 확실히 필요하다. 현실적으로 고졸 개발자가 대기업 IT 회사에 신입으로 취업하기는 쉽지 않다. 그러나 한 번 더 얘기하지만 실제로 개발자로 일하면서 필요한 것은 학위나 학력이 아니라 본인의 실력과 경험이다.

Q2
첫 취업 나이 제한이나
정년이 있나요?

얼마 전, 개발을 전혀 해본 적 없는 27세 비전공자 청년이 나에게 물었다. "나이가 많은데, 지금 개발자에 도전해 봐도 될까요?" 내 대답은 "가능하다."였다. 하지만 나는 그 청년에게 1년 동안은 고3 수험생 때 공부한 것처럼 공부할 생각을 해야 한다고 말했다. 공부를 시작한 지 6개월이 넘었는데 프로그램에 재미가 없다면 과감히 포기하라고 조언했다.

일반적으로 신입 개발자는 대학을 졸업하고 바로 취업한 경우가 가장 많다. 보통 여자 개발자는 24세~26세 정도, 남자 개발자의 경우는 2~3년 늦은 25세~27세 정도의 나이에 취업한다. 물론 개발자들은 다양한 경로를 통한 취입 방법이 있어 더 많은 나이로 개발 일을 시작하는 사람도 많다. 프로젝트를 진행하다 보면 30대 신입 개발자를 볼 때가 종종 있다.

내가 대학 졸업 후 개발자로 첫발을 내디딜 때는 주변에 50세 이상 개발자를 찾아볼 수 없었다. 40세 이상이 되면 개발자로서 일하기보다 관리자로서 프로젝트를 관리하는 역할을 담당해야 했다. 본인이 원하든 원하지 않든 개발 실무를 맡기가 쉽지 않았다. 그래서 신입 때는 40세 이상이 되었을 때 계속 개발자로 일할 수 있을지 고민이 되기도 했다. 그러나 최근에는 주변에서 심심찮게 40대, 50대 개발자를 볼 수 있다. 흔한 일은 아니지만, 손주가 있는 60대 개발자를 본 적도 있다.

지금 개발을 시작하는 분들이 40대가 되었을 때는, 본인의 능력이 있는 한 60대 개발자도 충분히 많이 있을 것이다. 그들은 개발 실무뿐만 아니라, 후배 개발자들에게 다양한 경험과 노하우를 전하는 멘토의 역할도 할 수 있을 것이다. 다만 시대의 흐름에 따라 기술의 변화도 빠르게 변하기 때문에 지속적인 자기관리와 기술 습득은 필수적이다.

Q3
문과생들의 웹 개발 진출
어떻게 생각하세요?

이과생이 아닌 문과생들의 웹 개발 진출에 대해 매우 긍정적으로 생각한다. 여기서 주제를 웹 개발로 한정하지 말고 모든 IT 분야로 두는 게 좋을 것 같다. 웹 개발은 코딩기술과 디자인, 커뮤니케이션 능력이 모두 필요한 분야이다. 다양한 전공과 생각을 가진 이들의 개발 분야 진출은 프로그램 개발 시장의 다양성과 경쟁력 강화에 기여할 것이다. 한국의 교육 구조상 일반적으로 고등학교 때 수학을 좋아하거나 논리적인 생각을 많이 하는 사람은 이과를 선택하고, 언어와 문학적 소양이 있는 사람은 문과를 선택한다. 이과, 문과 구분은 생각보다 단순하게 정해졌을 수 있다는 것이다. 이는 정작 진로설정에 큰 기준이 되지 못하는 경우도 많다.

개발에 논리적인 사고가 매우 중요하긴 하지만 그게 전부는 아니다. 문과생들은 다양한 분야의 지식과 경험이 있어서 개발에 필요한 기술과 역량을 갖추는 데 유리할 수 있다. 같이 일했던 문과나 타전공 출신 개발자들은 전산과 출신 개발자와 다른 능력이 있었다. 철학과 출신의 개발자

A는 다양한 분야의 지식이 많아 문제 해결 능력이 높았다. 프로그램 개발 과정에서 발생하는 문제를 단순하게 생각하지 않고, '왜 이 부분에 이런 기능이 들어갔는지' 질문하며 사용자가 더 사용하기 쉽도록 다른 방법을 활용해 개발했다. 덕분에 해당 프로그램을 사용하는 사용자들의 만족도가 높았다.

언어계열학과 출신 개발자 B는 웹 개발을 매우 잘했다. 커뮤니케이션 능력에 뛰어나고 말하기와 글쓰기에 능했기 때문에 그가 참여하는 회의는 순조롭게 진행됐다. 어떤 주제에 대한 설명이 필요할 때 알기 쉽게 예를 들어 설명하고, 팀원 간에 팀원들 효과적으로 소통할 수 있도록 도움을 주었다. 회의가 끝난 뒤에는 나눈 내용을 깔끔하게 요약·정리했다. 특히 발표자료를 잘 만들었는데, 지금은 IT 컨설팅 회사에 스카우트 되어 컨설팅 업무를 맡고 있다. 주어진 기간 안에 문서작업을 하느라 밤낮이 없지만, 개발자의 두 배 넘는 연봉을 받는다. B군은 다른 컨설턴트와 달리, 직접 개발했던 경험이 시스템 컨설팅을 할 때 발판이 되어 큰 도움을 얻는다고 했다.

건축공학 전공 개발자 C는 디자인 감각이 뛰어났다. 건물 구조 디자인과 예술, 미술 등의 교육을 받았기 때문이다. 기능을 구현하면 개발자의 몫을 다한 것 같지만, 실상은 웹디자이너와의 회의까지 마쳐야 업무가 완전히 마무리

된다. 웹 디자이너는 사용자 편의성 측면에서 화면을 구성하기 때문에 보통의 개발자와는 의견이 충돌할 때가 잦다. 그럴 때 C는 개발자와 디자이너 사이에서 중재하며 디자이너가 웹 페이지를 왜 이렇게 디자인했는지 알기 쉽게 나른 개발자들에게 설명한다. 동시에 자신이 개발할 때두 큰 부딪침 없이 의견을 주고받는다. 협업하기에 가장 좋은 프론트엔드 개발자다.

물론 이 사례들은 좋은 예시이다. 이렇게 되기 위해서 문과생 및 타 전공자는 프로그램 개발을 위한 기술적인 역량을 키우는 노력을 해야 한다. 프로그래밍 언어, 개발 환경, 개발 도구 등의 기본적인 기술을 익히고 실무 경험을 쌓는 것이 중요하다. 최근에는 문과생 및 타 전공자를 위한 프로그램 개발 교육 프로그램이 많이 개설되고 있다. 이러한 교육 프로그램을 통해 문과생들은 프로그램 개발에 필요한 기술과 역량을 효과적으로 익힐 수 있다. 나는 대학교에서 전산을 전공했고, 4학년 2학기 졸업반이 되어서야 이런 외부 실무교육 프로그램에 참여할 수 있었다. 그래도 실무에서 사용할 프로그램을 공부해 취업한 덕에 실전 개발에 쉽게 개발에 적응했다. 문과생이나 타 전공자라면 나만의 프로그램을 개발해 보겠다는 뚜렷한 의식을 가지고 도전해 보는 것이 좋을 것 같다.

Q4

현장에서 일하는
개발자 성비는 어떤가요?

개발자의 성비 비율은 한국에서뿐만 아니라, 전 세계적으로 남성이 여성의 5배 이상의 비율로 높게 나타난다. 업무 환경이 성비에 영향을 준다는 생각이 든다. 이 부분에서는 20여 년간 현업에서 근무해 온 여성 개발자의 목소리를 직접 담았다. 아래 글을 쓴 유라영 개발자는 2005년도 신입 개발자로 만나 여러 프로젝트를 같이 해왔고, 꼼꼼한 스타일을 가진 실력 있는 개발자이다.

2000년대 초반 나의 대학 시절 경험을 바탕으로 생각해 보면, 이공대 학생 70% 정도가 남성이었다. 공대에서 여성을 찾아보기 힘들 정도이니 직업을 정할 때도 남성의 취업 비중이 높았다. 업무 환경도 남성 중심인 경우가 많고, 그래서인지 여성 개발자보다 남성 개발자가 더 일을 잘할 거라는 왜곡된 인식이 있었다. 처음 회사에 입사하던 때는 부서에 대략 40명 정도의 인원이 있었는데, 그중 여성은 3명이고 그중 한 분은 개발자가 아니었다. 다른 부서의 사정도 이와 다르지 않았다.

당시만 해도 결혼이나 출산을 하게 되면 퇴사를 결정해야 하는 경우가 많았다. 그때도 육아휴직 제도가 있었으나, 남성들이 많은 직업군에서는 그것이 '여성에게만 제공되는 특혜'라는 식으로 해석되어 실제 사용이 어려웠다. 여성 개발자들을 보통 출산휴가 3개월 후 복직하거나, 퇴사를 선택해야만 했다. 육아휴직을 1년 사용하고 복직하면 알 수 없는 이유로 다른 부서로 발령이 나거나 퇴사 처리되는 경우도 종종 보았다. 따라서 당시에는 30대 후반이나 40대 이상의 여성리더를 찾아보기 힘들었다. 나 역시도 첫아이 임신 때 육아휴직을 사용해야 했는데, 회사 측과 잘 조율되지 않아 6년 넘게 다닌 첫 직장을 미련 없이 그만두고 나왔다.

한국산업진흥원은 〔2022년도 산업기술인력 수급 실태조사〕에서 전문대졸 이상의 학력자를 대상으로 전공별 성비를 조사했다. 조사 결과, 산업별 여성 인력의 비중 통계 자료에 따르면 공학계(11.0%) 〈 자연계(15.4%) 〈 비이공계(18.8%)으로 공학계가 가장 낮은 비율을 차지하고 있다. 소프트웨어 분야에서는 남성대비 여성의 인력 비율이 14.9%였다. 사실 소프트웨어 분야뿐만 아니라, 모든 산업 분야에서 여성이 남성에 비해 차지하는 비중은 낮은 편이다. 그러나 전년에 대비했을 때는, 소프트웨어 부문 여성 인력이 수가 매해 증가하는 것을 볼 수 있다. 2020년에는 8만 7천 명, 2021년에는 9만 9천 명, 2022년에는 11만 3천 명이 되는 식이다.

물론 지금도 여성 개발자에 대한 사회적 편견과 차별은 존재한다. 하지만 기술의 발달과 사회적 인식의 변화로 많은 부분이 달라지고 있다. 같이 일하는 사람들의 성인지 감수성이 성장하고 있다는 점이다. 나 역시 여성 개발자로서, 여성 개발자들과 같이 일하면서 이전과는 다른 역동을 느끼고 있다. 개발 업무를 하는 여성들은 협업을 중요시하며 프로젝트의 팀원들과 충분히 의사소통하려고 한다. 그래서 공동의 목표를 향해 같이 나아가는 분위기를 만든다. 또, 세심하고 꼼꼼한 면모로 프로젝트의 완성도를 높인다. 창의적인 아이디어와 유연함으로 다양한 관점에서 문제를 해결한다. 기존의 개발 업계가 지나치게 경직되어 있었던 것을 떠올려보면, 여성 개발자의 수가 계속해서 증가해 개발자의 성비가 조화를 이룰 때 IT산업은 상당히 긍정적인 영향을 얻을 것을 예상할 수 있다.

물론 이러한 성향이 모든 여성 개발자에게 해당하는 건 아니다. 남성 개발자 중에도 꼼꼼하고 감성적인 성향인 이들이 있다. 지금 중요한 것은 어떤 성별이 더 개발 업무에 잘 맞는지 논의하는 것이 아니라, 지금까지 해온 것보다는 더 유연하고 능동적인 방식으로 발전해가야 한다는 데 목소리를 모으는 것이다. 여성 개발자들이 직장 내에서 차별받지 않으면서, 자신의 능력을 마음껏 발휘할 수 있도록 기업과 사회의 노력이 필요하다. 기업과 사회에서는 여성 개발자를 위한 채용 및 지원 프로그램을 확대하여, 적극적으로 참여하고 능력을 발휘할 수 있도록 해야 한다. 이러한 노력과 사회적 인식 변화가 함께 이루어진다면, 앞서 나가고 있는 우리나라 IT 기술이 한 발 더 앞서게 될 기회도 찾아올 것이다.

Q5
취업 시 어떤
채용절차를 거치나요?

개발자를 채용할 때 채용절차는 회사마다 조금 다른 부분이 있지만, 전체적인 큰 틀은 거의 비슷하다. 신입 개발자 채용절차는 실제 코딩 문제를 주고 풀이한 코드를 보면 알 수 있다. 지원자가 코딩한 코드에는 이 사람이 앞으로 우리 회사에서 진행할 프로젝트에 적합한 사람인지를 알려주는 내용이 모두 들어있다. 마치 굴삭기 기사를 뽑을 때 한번 작업시켜보면 일을 잘하는 사람인지 알 수 있는 것과 같다. 그래서인지 요즘 신입 개발자들은 코딩 학원에 가서 실전 같은 연습을 하고 회사에 지원한다. 일반적인 개발회사의 인력 채용은 회사 홈페이지나 인터넷 구직 사이트에 구인공고를 내고 지원자의 이력서를 받은 후 진행하는데 전반적인 절차를 확인해 보면 다음과 같다.

서류전형 모집공고 후 주로 회사는 지원자에게 3가지 문서를 요청한다. 이력서, 자기소개서, 마지막 하나는 포트폴리오다. 이력서에는 나이와 학력 같은 지원자의 전반적인 사항을, 자기소개서에는 지원동기와 직무 적합성 등을 기재한다. 포트폴리오는 스킬과 경험을 보기 좋게 나열한다.

기업은 이 문서로 서류전형 통과 대상자를 선택한다. 이중 포트폴리오는 경력이 없는 신입 개발자에게 작성하기 매우 힘든 부분인데, 대학 졸업작품이나 학원에서 작업한 과제, 자기가 이전에 개발한 프로그램을 적는 것도 좋은 방법이다. 포트폴리오에 제출한 프로그램은 소개와 함께 사진 캡처를 해서 추가하는 것이 좋다. 제일 중요한 것은 자기가 개발한 부분을 정확히 명시해서 포트폴리오에 기재해야 한다. 면접 때 포트폴리오에 있는 내용은 면접관이 반드시 면접자가 참여한 부분에 대해 질문하기 때문이다.

코딩 테스트 서류전형에 합격하면 코딩 테스트를 본다. 온라인 코딩 테스트를 보면 인터넷이나 다른 개발자의 도움을 받는 부정행위가 있을 수 있다. 최근 기업에서는 이와 같은 사고를 방지하기 위해 1차로 온라인 코딩 테스트 본 뒤 합격자 대상으로 2차로 오프라인 코딩 테스트를 보는 방법을 많이 선택하고 있다. 코딩에 자신감이 있는 개발자라도 처음 코딩 시험을 보면 당황할 수밖에 없다. 이런 시험을 대비해 공부할 수 있는 인터넷 사이트도 있으니 예상 문제 풀어 보며 대비를 하는 것이 좋다. 유명한 코딩 테스트 연습사이트는 아래와 같다.

프로그래머스 https://school.programmers.co.kr
가장 유명한 사이트. 실제로 이 사이트를 이용해서 시험을 보고 있는 기업이 많다.

코딩도장 https://codingdojang.com

프로그래밍 문제풀이로 따라하기, 연습하기, 심사하기 등이 있다. 이를 활용해 공부하면 자연스럽게 코딩 테스트를 할 수 있디.

백준 온라인 저지 https://www.acmicpc.net

알고리즘 트레이닝으로 유명한 사이트다. 여러 가지 언어 및 정보 올림피아드와 같은 대회 기출문제도 같이 제공한다.

면접 어떤 회사는 대표가 면접을 보고, 어떤 회사는 개발자가 직접 나와 기술 면접을 본다. 구인 구직 사이트의 면접 정보를 참고하면 내가 지원한 회사가 어떻게 면접을 보는지 알 수 있다. 개발자 면접의 유형은 크게 3가지이다. 기술적인 질문 및 역량 평가, 전문적인 질문 및 팀 적합성 평가, 대표나 임원이 하는 인성 평가. 기술 면접은 알고리즘, 자료구조, 운영체제, 네트워크 등 기본적인 컴퓨터 과학 지식을 숙지해야 한다. 면접 시 코딩 테스트 문제풀이를 하는 곳도 있으니 코딩 연습이 충분히 필요하다. 전문 면접은 지원하는 회사와 직무에 대한 정보를 충분히 알아보고, 관련 기술 질문에 답변할 수 있도록 준비한다. 대표나 임원이 하는 인성 평가는 최대한 자신에 대해 적절히 설명하고 회사를 일원으로 참여할 자격이 있다는 것을 보여줄 수 있어야 한다.

신입 개발자 중에는 IT 기업을 개방적으로 생각하고 면접 때 정장을 입지 않고 청바지와 같은 일상복으로 캐주얼하게 옷을 입고 면접을 보러 가는 사람이 종종 있다. 하지만 대부분 신입으로 지원한 개발자는 정장을 입고 면접장에 지원한다. 개발자 면접관 중에는 옷을 자유롭게 입는 사람이 돌출된 행동할 수 있다고 판단하는 이도 있을 수 있다. 되도록 면접 때는 면접관 기준에서 자기의 용모를 신경 쓰는 것이 좋다.

Q6
부트캠프 참여,
취업에 도움이 되나요?

'부트캠프'라는 말이 조금 어색할 수도 있다. 2015년부터 갑자기 신입 개발자들이 부트캠프라는 말을 많이 사용했다. 처음에는 해외 교육사이트에서 주로 온라인 강의를 들을 때 사용하기 시작했다. 해외 온라인 강의가 사이버 대학 강의 같아서, 강의도 듣고 과제도 내고 하면서 개인적인 개발 스킬을 높이는 데 많은 도움이 되었다. 많은 개발자가 강의를 많이 듣게 되자 얼마 지나지 않아 한국에서도 그 용어를 사용했다. 초보 개발자 과정 아카데미에서 단어를 쓴 것이다. 여기에서 얘기하는 부트캠프는 개발자 아카데미와 같다고 생각하면 될 것 같다. 부트캠프는 내게 주어진 미니 프로젝트의 처음부터 끝까지 모든 것을 스스로 해야 한다. 원하는 스킬만 배우는 일반적인 학원 형태가 아니라 작은 프로젝트를 완료해 초급 개발자를 만들어 주는 과정인 것이다. 부트캠프는 주어진 개발 환경 안에서 주어진 코딩과제를 배우고 어떻게 하든 개발과제를 해결해야 한다.

개발자 부트캠프에서는 주로 신입 개발자를 위한 웹사이

트, 모바일 앱 개발, 경력 개발자를 위한 데이터 분석, 인공 지능 등 IT 분야의 다양한 실무 기술을 배운다. 교육 내용은 부트캠프 마다 다르고 부트캠프는 단기간에 실무 기술을 습득할 수 있는 장점이 있다. 또한, 현업 개발자 출신의 강사진으로부터 실무 노하우를 배울 수 있고, 프로젝트를 통해 실전 경험을 쌓을 수 있다. 따라서, 취업에 도움이 될 수 있는 교육이라고 할 수 있다. 그러나 부트캠프만으로 취업에 성공하기는 어렵다. 부트캠프에서 배운 기술을 바탕으로 지속적으로 실력을 키우고, 자기소개서와 면접 준비를 철저히 해야 한다. 부트캠프에서 운영하는 취업센터나 같이 부트캠프를 수료한 한 동기를 통해 취업 정보를 얻고, 인턴십 활동을 통해 경력을 쌓는 것도 도움이 된다.

프로그램 개발, 데이터 분석, 인공지능 등 다양한 직무가 있으므로, 부트캠프를 통해 개발자로 취업하고자 한다면 자신의 목표 직무와 맞는 곳을 선택하는 것이 중요하다. 커리큘럼에 배우고 싶은 내용이 있는지, 실무에서 필요한 기술을 습득할 수 있는지 확인해야 한다. 기본적인 개념 위주의 교육보다는 실제 실무 위주의 교육이 편성된 캠프를 권유한다. 또, 부트캠프는 실전에 바로 투입해서 적용할 수 있는 것을 배우는 과정이기 때문에 강사진을 확인해야 한다. 강사진의 이력과 실력을 확인해 수준 높은 교육을 받을 수 있는지, 실제 실무 경력이 있는지를 먼저 점검하자. 부트캠프 수강료는 천차만별이므로 정부 지원 혜택

Part 1 개발하는 사람들

을 받을 수 있는지 확인해야 한다. 나도 부트캠프에 다닐 때 정부 지원으로 수험료의 많은 부분을 지원받았다. 부트 캠프 홈페이지의 내용을 확인하거나 상담받을 때 물어보면 좋디.

Q7
개발자 포트폴리오는
어떻게 쓰나요?

회사에서 채용 면접관으로 지명되면 우선 지원자들의 지원 자료를 받고 어떤 질문을 할지 고민하게 된다. 이력서, 자기소개서, 포트폴리오 등을 읽고 지원자에게 질문할 내용을 만든다. 그때 제일 중점적으로 보는 내용은 포트폴리오다. 지원자가 이전에 참여했던 프로젝트나 개발했던 프로젝트 과제 내용이 현재 우리 회사에 맞는지 판단한다.

예를 들어, 지금 홈페이지 프로젝트 개발에 프론트엔드 개발자가 필요한 상황이라고 생각해보자. 회사는 지원자가 프론트엔드를 개발할 수 있는지를 본다. 모바일 시스템 개발자가 회사에 부족하면 이전에 모바일에 관련된 개발을 한 경험이 있는지, 데이터수집 모듈을 개발하는 백엔드를 개발할 수 있는 java나 Python 개발 능력이 있는지 등을 파악한다. 이때 포트폴리오를 보면서 지원자가 한 일이나 할 수 있는 내용을 확인하고 특히 자기 팀에서 필요한 기술을 가진 인원이면 관심 지원자로 두고 질문 내용을 구체적으로 정리한다.

면접관은 자기가 정리한 질문을 면접에서 물어본다. 그러므로 포트폴리오는 이전에 주로 참여했던 프로젝트의 내용, 자기가 해봤거나 할 수 있는 개발 기술, 개인 블로그나 웹사이드와 같은 개발 관련 활동을 보여주는 링크를 포함하여 기재해야 한다. 경력 개발자는 포트폴리오를 직을 때 무엇보다 내가 참여했던 프로젝트에 대해서 잘 정리해야 하는데, 프로젝트에 바로 투입되어 원하는 작업을 할 수 있어야 하기 때문이다. 포트폴리오에 프로젝트를 기재할 때는 개인 프로젝트, 오픈소스 프로젝트, 기업 프로젝트 등 다양한 프로젝트를 포함할 수 있고 기재하는 내용은 다음과 같다.

프로젝트 소개 내가 참여한 프로젝트의 목적과 기능 등을 간략하게 기재한다. 너무 해당 프로젝트에 자세히 적으면 기재한 프로젝트에 정보 유출이 될 수 있으니 조심해야 한다. 개인정보 및 기업정보와 관련된 명칭은 최대한 이니셜 등으로 사용한다.

개발한 내용 프로젝트에서 개발했던 개발 범위와 역할을 명시한다. 프로젝트에 내가 담당한 개발의 내용을 상세히 적는 것이 좋다. 여기서 내가 개발자나 PL 등의 업무 역할, 프론트앤드나 백엔드개발과 같은 개발 범위도 구체적으로 기술한다.

주요 기술 프로젝트에서 사용된 주요 기술들을 명시한다. 사용한 언어뿐만 아니라 어떤 개발 프레임워크로 개발했고 사용한 개발 라이브러리는 무엇인지를 기술한다. 데이터베이스나 빅데이터 시스템과 같은 기반 시스템은 안 적는 사람이 많은데 꼭 기술해야 한다.

프로젝트 결과 및 성과 프로젝트의 수행한 결과 내용을 포함한다. 개발된 시스템이 어떻게 운영되고 있는지 기재하는 것도 중요하지만 면접관은 실패한 프로젝트의 원인도 궁금한 경우가 많다. 간략히 프로젝트의 결과에 대해 기재하고 면접 질문 시 자기가 분석한 원인을 설명하는 것이 좋다.

신입 개발자는 실무 경력이 없는 개발자가 대부분이라 포트폴리오에 적을 수 있는 내용이 거의 없다. 그래서인지 대부분의 신입 개발자가 포트폴리오를 제출하지 않는 경우가 많다. 하지만 경쟁하는 다른 개발자보다 자신을 부각하기 위해서는 포트폴리오 꼭 제출하는 것이 좋다. 학교 졸업 때 졸업작품, 인턴으로 일했을 때 참여했던 개발, 개발자 양성학원에서 제출한 과제 등을 기재하고 간결하고 명확하게 작성한다. 채용 면접관이 짧은 시간 안에 포트폴리오의 핵심을 파악할 수 있도록 정리해야 한다.

포트폴리오 작성 시 주의할 점은 다음과 같다. 첫째, 인터넷에 돌아다니는 내용을 표절하지 말자. 나만 그 내용을 검색할 수 있는 것이 아니다. 인터넷에 돌아다니는 포트폴리오는 벌써 많은 지원자 중에서 누군가 내용을 이미 제출했다. 다른 포트폴리오는 참조만 해야 한다. Ctrl+C, Ctrl+V 수준으로 표절하면 오히려 면접에 해가 된다. 둘째, 이미 얘기했지만, 이전 프로젝트 및 개인정보에 노출은 문제가 될 수 있으니 간략히 핵심만 적고 면접관이 면접 때 물어보면 구두로 설명하자. 셋째, 자기에 대한 장점을 설명하는 것은 좋지만 너무 지나치게 부각하여 적거나 과장된 표현은 자제하는 것이 좋다.

개발한 프로그램의 이미지나 스크린샷을 포트폴리오에 추가하면 보다 면접 때 쉽게 해당 내용을 설명할 수 있다. 신입 개발자는 개인 블로그, 개인 소스관리를 한 GitHub, 유튜브 활동, 개발 커뮤니티 활동 등 개발 관련 활동을 기재하면 포트폴리오를 조금 더 풍성하게 만들 수 있다. 경력 개발자는 참여한 프로젝트를 계속 최신으로 업데이트해야 한다. 신입 개발자의 경우 자신의 강점을 보여줄 수 있는 내용을 기재한다. 지원하는 회사마다 원하는 직무의 내용을 다르니 회사가 원하는 내용에 맞게 포트폴리오를 세분해서 작성해야 한다. 포트폴리오는 개발자가 자신의 개발 능력을 면접관에게 직접 표현할 수 있는 중요한 문서이다. 충분한 시간을 들여서 꼼꼼히 작성해 자신을 능력을 잘 표현하자.

3 개발자의
일터

며칠 전 개발자 H과장이 갑자기 면담을 신청했다. H과장은 나와 친한 차장님의 추천으로 입사했는데, 프론트엔드 개발자가 급한 팀이 있어서 다른 팀에 배속되었다. 그래도 가끔 차 마시면서 시시한 이야기를 하거나 가끔 저녁도 같이 먹는 사이다. 내 경험상 갑자기 심각한 표정으로 신청한 면담은 지금 하는 업무 변경을 요구하거나 퇴사를 통보하는 경우가 많다.

H과장 부장님, 저 저희 팀에서 일 못 할 것 같습니다.

나(부장) 왜? 무슨 얘기야. 일이 많아?

H과장 일이 많으면 야근하면 되는데. 저희 고객이 저랑 성향이 달라서 너무 힘드네요.

나(부장) 음 난 그런지 몰랐는데… 성향이 어떻게 다르지?

H과장 저는 MBTI로 J인데 고객은 성향이 완전 P입니다.

MBTI에서 J는 조직적이고 계획적인 스타일이다. 한편 P는 유연하고 창의적이다. 개발 업무를 하는 그들을 관찰하자면, J는 모든 일을 계획하고 P는 그때그때 판단하여 일을 진행한다.

76

H과장	참아 보려고 했는데, 계획이 매번 변경됩니다. 회의하자고 불러서는 '어떻게 하자'가 아니고 '어떻게 해야 하냐고' 자꾸 물어보는데 정말 개발자에게 무엇을 바라는 건지 모르겠습니다. 이런 내용은 기획자나 PM이랑 회의해야 하는 것 아닌가요?
나(부장)	PM이랑은 얘기해 봤어?
H과장	네, 한 달 전에 얘기했습니다. 그 이후로 중간에서 많이 도와주시는데… 일단 고객은 바뀐 부분이 없으니 PM은 중간에서 저 때문에 고생하고 계십니다. 그 모습을 보니 점점 지쳐가네요.
나(부장)	알았어. 나도 좀 알아보고 상황 파악을 해볼게. 내일 다시 얘기하자.

사실 나도 이런 내용에 대해서는 뾰족한 방법이 없다. 서로 성향이 안 맞아 발생하는 일인데 누가 잘못했다고 꼭 집어 얘기하기도 그렇다. 현실적으로 보면 고객이 '갑'이니 최대한 맞춰 일하는 것이 편하다. 하지만 '을'인 우리도 최소한의 자존심이란 것이 있다. 말도 안 되는 기능 개발 요청, 보지도 않을 문서 작성, 결론 없이 길기만 회의, 자존심 상하게 하는 언행 등으로 조금씩 상처받고 나중에 결국 팀이나 프로젝트 변경을 요청하거나 사직서를 제출한다.

H과장도 웬만하면 참는 성향인데, 이렇게까지 감정이 생겼으니 고객이 바뀌지 않을 바에는 한 번 더 참는다고 달

라질 것이 없어 보인다. 이럴 때는 같이 싸우지는 못해도 카페에서 커피 한잔하면서 이야기해주는 동료나 선배가 필요하다. 선배들은 개발자가 고객과 최대한 만나지 않고 개발에 전념할 수 있게 해주어야 하는데, 나도 같은 프로 젝트가 아니라는 이유로 너무 무심했던 것 같다는 생각이 들었다. 상황을 파악하고 나는 바로 결론을 내렸다. 그리고 H과장한테 내 생각을 이야기했다.

나(부장)   이번에는 무책임하다고 생각하지 말고 다른 프로젝트 로 옮겨가는 것이 좋을 것 같아. 계속 이렇게 맘에 안 맞는 고객이랑 같이 일하다 보면 결국 그만두게 될 거 야. 그 전에 다른 옆 팀 프로젝트 일을 해보자. 개발 팀장님한테 면담 신청하고 사실대로 얘기해. 나도 팀 장님한테 상황 얘기할게.

H과장   부장님께는 죄송하지만, 사실 개인적으로 어제 결론 냈습니다. 그만두려고요. 너무 걱정하지 마세요. 저 프리랜서잖아요. 한 달 정도 쉬면서 가족에게도 충실 해 보고 다시 일도 구해볼게요.

나(부장)   음… 고민 많이 했구나. 그래 그런 결정 내는 건 힘든 일이지. 누구보다 고민 많이 하고 결정했을 테니. 그 래 그럼 밀고 나가봐. 내가 도와줄 수 있는 건 다음에 는 좋은 프로젝트 잡는 거니까. 내가 아는 헤드헌터랑 서치펌헤드헌터 회사. 기업에서 필요로 하는 인재를 찾아 연결해주는 역할을 하는 곳에 문의해볼게.

대화가 끝나고 나는 잠시 허탈했다. 올해도 같이 일한 몇 명의 사람들과 헤어졌다. 반복되는 일이지만 매번 적응되지 않는다. 그 사람 책상이 깨끗이 비워지고, 얼굴이 안 보이고, 목소리가 안 들리기 시작한 뒤에야 나도 점점 그 환경에 익숙해진다. 그러면서 우리가 같이 즐겁게 일한 기억도 조금씩 지우는 것 같다. 어제는 친한 사람들과 모여 H과장 환송회를 했다. 저녁을 먹으면서 이야기를 나누는 것은 우리가 이전에 했던 프로젝트와 그때 쌓인 추억들을 더듬는 작업이다. 그래서인지 환송회가 이상하게 즐겁기도 하다. H과장이 마지막 퇴근을 하던 날, 나에게 메시지를 보냈다. "그동안 고마웠습니다. 조용히 짐 정리해서 나오느라 인사도 못 했네요. 얼굴 보고 인사하면 눈물 나올 것 같아서 그냥 갑니다. 수고하세요." 나는 메시지로 응원의 마음을 보냈다. "H과장, 개발 잘하니 걱정하지 말아. 다 잘될 거야. 파이팅, 파이팅!"

Part 1 개발하는 사람들

Q1
모든 개발자가
회사에 소속되어 있나요?

우리가 옷을 살 때를 생각해 보자. 나는 리바이스, 유니클로, 탑텐, H&M 등의 매장을 좋아한다. 그래서 보통은 이런 브랜드숍에서 물건을 사지만, 가끔 네이버나 쿠팡에 입점한 온라인 스토어에서 옷을 사기도 한다. 개발자도 비슷한 부분이 있다. 대부분 개발자는 한 회사에 속해서 회사가 원하는 개발을 진행한다. 이런 형태를 '인하우스In-House' 라고 한다. 하지만 일부 개발자는 개인사업자를 운영하거나 프리랜서로 일한다.

인하우스 개발자는 회사에서 지시하는 대로 현재 개발하는 솔루션이나 고객사 프로젝트에 참여한다. 프로젝트 기간에 고객사에 가서 근무하기도 한다. 반면 프리랜서 개발자는 프로젝트 단위로 소속을 이동한다. 직접 자신의 작업을 관리하고 고객과 개발할 내용 및 비용을 협상한다. 프로정신을 가지고 계약된 목표를 완수해야 하며, 맡은 작업에 따른 많은 책임이 자신에게 오기 때문에 부담이 클 수밖에 없다. 자기 회사를 운영하는 개발자는 모바일 앱과 같은 자신의 제품이나 서비스를 개발하고 판매한다. 이들은 마케팅, 영업, 고객 서비스 등 다양한 작업을 수행해야 한다. 이들은 프리랜서 개발자와 같이 프로젝트에 참여해 비용을 받기도 한다.

회사에 소속된 개발자와 프리랜서 개발자, 그리고 자신의 회사를 운영하는 개발자 모두 장단점이 있다. 회사에 소속된 개발자는 일반적으로 안정적인 수입과 복지 혜택을 누릴 수 있지만, 더 많은 규칙에 제약을 받는 경향이 있다. 회사에 소속된 개발자도 정규직 개발자와 비정규직 개발자로 구분된다. 정규직은 그 회사 소속으로 해당 프로젝트를 진행하는 개발자를 말하고, 비정규직 개발자는 외부 다른 회사에서 지원을 와서 아웃소싱으로 프로젝트에 참여하는 용병을 말한다. 예를 들어 전사 업무시스템을 변경해야 해서 30명의 개발자가 필요한데 우리 회사의 정직원은 10명밖에 없다면 나머지 20명은 외부 개발 전문회사와 아웃소싱 계약을 하고 개발자를 투입한다.

프리랜서 개발자는 더 많은 자유와 유연성을 누릴 수 있고 수입이 높지만, 안정된 수입을 유지하고 고객을 관리하는 데에는 어려움을 겪을 수 있다. 프로젝트가 끝나면 다음 프로젝트를 구하는 것도 자신의 능력에 달려있기 때문이다. 일을 못 구해 몇 달 쉬고 다음 프로젝트에 들어가면 몇 달 동안 수입이 없어 경제적인 문제가 발생할 수밖에 없다. 구인·구직 사이트나 헤드헌터의 도움을 받는 방법도 있지만, 계속해서 프리랜서 일을 구하기 위해서는 개발자 간의 관계 형성이 잘되어 있어야 한다. 프로젝트에 사람이 부족할 때 개발자들이 직접 추천할 수 있는 개발자가 되는 것이다. 자기 사업을 하는 개발자는 더 많은 수익과 성공의 가능성을 누릴 수 있지만, 문제가 발생하면 많은 위험과 책임을 부담해야 한다.

어떤 형식으로 근무하는 것이 좋을지는 개인의 성향에 따라 다르다. 안정적인 수입과 복지 혜택을 원한다면 회사에 소속된 개발자 경로가 좋다. 특히 신입 개발자는 프리랜서보다 회사의 교육 커리큘럼에 맞춰 성장하는 편을 추천한다. 하지만 연차가 쌓여 능력이 있는 경력 개발자 중에 높은 급여와 더 많은 자유를 원하는 사람이라면 프리랜서 개발자를 선택할 수 있다. 일을 맡기는 고객은 경험이 없는 사람을 프리랜서로 쓰지 않는다. 아웃풋이 나와야 하기 때문이다. 일반적으로 최소 5년 이상의 중급 개발자 경력이 있어야 프리랜서에 도전할 수 있다. 스티브 잡스처럼 젊었을 때 모험을 즐기고 싶고, 더 많은 수익과 성공을 원한다면 자기 회사를 시작해봐도 좋을 것이다. 일반적인 회사의 개발자 경력은 다음과 같이 분류한다.

초급 개발자 (1–3년)

신입 개발자는 개발자로서의 첫발을 내딛는 단계이다. 기본적인 프로그래밍 언어와 기술을 배우고, 프로젝트에 참여하여 실무 경험을 쌓는다.

중급 개발자 (3–10년)

중급 개발자는 신입 개발자보다 더 많은 경험을 쌓은 개발자이다. 혼자서 프로젝트를 주도적으로 수행할 수 있고, 다른 개발자와 협업할 수 있다.

고급 개발자 (10년 이상)

고급 개발자는 개발 분야의 전문가이다. 다양한 기술을 알고 있고, 프로젝트를 성공적으로 이끌 수 있는 능력을 갖추고 있다.

팀장 또는 PM

팀장은 개발팀을 이끄는 직책 말한다. 개발팀의 목표를 설정하고, 개발팀원을 관리한다.

개발자의 분류는 회사의 규모와 문화에 따라 다르게 정의될 수 있다. 또한, 개발자의 직급은 개발자의 기술력과 경력뿐만 아니라, 업무 수행 능력, 커뮤니케이션 능력, 리더십 능력 등 다양한 요소를 고려하여 결정된다.

주로 어떤 부서와
협업을 하나요?

개발자에게 협업이란 다양한 부서와 프로그램에 대한 의견을 나누는 것을 말한다. 프로그램을 어떻게 만들지 설계도를 그리고, 프로그램에 대한 개선점을 나누는 것이다. 개발부서의 풍경을 살펴보면 이렇다. 한쪽에서는 기획자들이 고객과 협의를 하면서 화면을 만들고 있고, 개발자들은 이어폰이나 헤드셋을 끼고 모니터 보면서 개발을 한다. 디자이너는 포토샵이나 일러스트 같은 디자인 툴에 그림을 그리고, 한쪽에서는 문서를 보면서 프로그램이 정상적으로 테스트한다. PM과 PL은 일정 체크 및 고객과 협의를 한다. 모두가 자신이 맡은 부분에서 열심히 일하는 사이 하루가 정신없이 흘러간다. 각 팀의 업무와 개발자가 협업하는 일을 정리해 보았다.

관리자 PM, PL이 관리자의 역할을 한다. 프로젝트 일정관리나 프로젝트 소요 비용관리 등을 관리하는 사업관리와 소스의 버전 관리 및 배포와 문서관리 등을 관리하는 형상관리를 한다.

기획자 개발되는 프로그램의 비전과 목표를 설정하고, 개발팀과 협력하여 제품의 요구사항을 도출한다. 결과물로 요구사항 정의서와 화면기획서(화면정의서)가 나오는데 이 문서들은 개발사들이 어떤 화면을 만들지를 알려주는 역할을 하다

개발자 기획자가 도출한 요구사항을 바탕으로 제품을 개발한다. 개발자는 각자 맡은 역할이 다르다. 크게는 눈에 보이지 않은 서버를 개발하는 백엔드와 웹페이지처럼 소비자 눈에 보이는 화면을 개발하는 프론트엔드로 나뉜다. 중요한 부분이니 자세한 내용은 뒤에서 확인하겠다.

테스터 개발된 제품을 테스트하고, 버그 수정을 지원한다. 간단히 기능을 눌러 에러를 확인하는 것이 아니고 실행 파일의 동작을 테스트하는 블랙박스 테스트와 소스코드의 논리적, 구조적 정합성을 테스트하는 블랙 화이트박스 테스트를 진행한다. 전문 테스터는 '이런 걸 어떻게 생각했지'라는 생각이 들 징도로, 개발자가 예상치 못한 소스 오류를 논리적으로 찾아낸다.

디자이너 우리가 자주 사용하는 네이버, 카카오 등의 플랫폼의 화면이 변경되는 것을 종종 보았을 것이다. 이런 화면에도 최신 트렌드가 있다. 색상, 화면 배치, 모바일 적용 여부에 따라 디자인이 다르다. 디자이너는 제품의 UI/UX

를 디자인한다. UI는 정적인 이미지 형태의 화면, UX는 화면에서 버튼을 누르면 위젯처럼 화면이 등장하는 식의 동적인 부분으로 생각하면 편하다.

프로젝트에 따라 개발자가 테스트 역할을 하거나, 선임 개발자가 소스관리와 같은 형상관리를 할 때도 있다. 하지만 디자인이나 기획은 전문적인 영역이기 때문에 개발자가 직접 하는 일은 없다. 그러므로 다른 부서와의 협업은 중요할 수밖에 없다. 환경 관련 프로젝트에서는 환경 부서의 전문가들에게 자문을 얻는다. 빅데이터 프로젝트는 데이터 분석 부서와 협력하여 데이터를 분석하고 처리한다. AI 인공지능 프로젝트에서는 대학교 인공지능 연구팀과 협력하여 AI 프로그램을 개발한다. 개발자가 프로젝트를 만드는 일은 다른 일들과도 원리가 비슷하다. 실제 업무 진행의 이해를 돕기 위해 다른 분야의 예시를 함께 들어보겠다.

고급 레스토랑의 요리사가 되어 오늘 저녁 식사를 준비해야 한다고 생각해 보자. 오늘 저녁 식사가 '매운 것을 잘 못 먹는' 사람들의 모임이라고 가정하겠다. 먼저 기획자는 맵지 않은 메뉴 중 맛있는 음식 리스트를 만들어 요리사에게 보낼 것이다. 요리사가 음식을 만들면 미각이 뛰어난 테스터가 음식을 먹어보고, 정말 이 음식이 맵지 않고 맛있는지 의견을 줄 것이다. 홀 직원들은 식탁을 세팅하고, 마케팅팀은 다음에도 이 모임이 우리 식당에서 열릴 수 있도록 두 번 이상 방문 시 50% 할인쿠폰을 준비할 것이다. 고객 서비스 부서는 다음 날 식사한 고객에게 전화해 음식의 맛은 어땠는지, 불편한 점은 없었는지 물을 것이다. 이런 정보를 공유하지 않으면, 식당은 다음에 어떤 사람들이 올지 예상할 수 없어 전략을 세울 수 없다. IT 개발자가 일하는 방식도 이와 마찬가지다.

자동차 공장의 사례도 들어보겠다. 자동차 회사에서 최근 자동차 판매 추세를 분석해 신규 전기차를 출시하는 것이 결정되었다. 이때 관리자는 전기차 오픈 일정을 고려하여 기획, 디자인, 개발, 테스트할 일정을 정한다. 또, 어느 공장에서 생산하는 것이 좋을지와 어떤 인력을 투입할지를 결정한다. 기획자는 사용자의 최근 구매자가 좋아하는 색을 판단하여 회색을 라인에 추가한다. 일반적인 자동차는 유선형인데, 다른 회사와 차별성을 가질 수 있게 디자인을 변경한다. 앞쪽은 공기 저항을 막기 위해 유선형으로 만들고, 뒤쪽은 각진 네모 박스형으로 만들었다. 디자이너는 기획지의 의도를 반영하되 사동차 엔진 및 다른 부품의 배치를 고려한 디자인 설계서를 만든다. 엔지니어는 엔진, 프레임, 오디오 등 각자 맡은 부분의 부품을 최종적으로 조립한다. 이후 도색팀에서 차량 도색을 마치면 테스터가 전기차의 안정성을 검증한다. 제품이나 서비스가 소비자의 손에 들어가기 전까지 이렇게나 많은 작업이 있다.

각자 팀에 맞는 업무를 잘 수행할 때 프로젝트가 무사히 마무리된다.

프로그램 개발할 때 가장 중요한 것이 있다. 개발팀원뿐만 아니라 이 프로젝트에 직간접적으로 참여하는 모든 구성원이 우리가 만들 프로그램의 목표와 일정을 명확히 이해하고 있어야 한다. 이런 부분이 정의되어야 부서별로 맡은 역할과 책임을 명확히 알고 효율적으로 협력할 수 있다. 부서별로 다른 생각을 하면 프로젝트는 산으로 갈 수밖에 없다. 목적을 명확히 하기 위해서는 소통을 성실히 하고 서로 적극적으로 피드백을 주어야 한다. 정식 회의가 아니더라도 가벼운 티타임에서 진행 상황이나 이슈에 대해 말해야 한다. 그래야 잘못된 부분을 수정하여 프로젝트를 개선할 수 있다. 이런 소통이 없으면 프로그램 개발 이후에 우리가 원하는 프로그램이 아니라는 얘기가 나오게 된다.

도움이 되는 몇 가지 팁은 다음과 같다. 첫째, 소스나 문서를 공유할 수 있는 형상관리 프로그램과 같은 공동 작업 도구를 사용한다. 팀원들이 쉽게 소통하고, 파일을 공유하고, 작업을 관리할 수 있도록 도와준다. 둘째, 정기적으로 미팅 및 회의를 하는 것이 좋다. 정기적인 회의는 부서 및 팀원들이 서로의 진행 상황을 확인하고, 협업 문제를 해결하고, 프로젝트의 진행 상황을 조정하는 데 도움이 된다. 셋째, 제일 중요한 것은 일과 단절된 휴식이다. 일을 열심히 하는 가운데 휴식도 반드시 취해야 한다. 재충전의 시간은 팀원들이 업무에 집중하고, 창의성을 발휘해 생산성을 높이는 원동력이 된다. 프로그램 개발은 부서 간 협업이 매우 중요한 작업이나. 서로 다른 팀이지만 같은 목적을 가졌다고 생각하고 협력하면 프로젝트를 성공적으로 마무리할 뿐만 아니라, 오래 함께할 수 있는 좋은 동료를 얻게 될 것이다.

Q3
조직 내 업무 분위기는
어떤가요?

업무 분위기는 '어떤 성격의 개발자들이 프로젝트를 참여했느냐'에 따라 달라진다. 지금 내가 같이 일하고 있는 개발팀은 아주 시끄러운 개발팀이다. 우리 팀은 서로에게 너무나도 관심이 많다. 아침에 출근하면 어제 저녁 식사로 어떤 것을 먹었는지 물어보고, 프리미어리그 축구 경기 결과도 얘기하고, 유행하는 드라마 시즌2에 대해서도 분석하며 민망할 정도로 크게 떠든다. 우리만 일하는 사무실이 아니고 여러 개발팀이 같이 일하는 공간인데 너무 시끄럽다. 하지만 서로에게 관심이 많다 보니, 옆자리 개발자가 어려운 기능으로 힘들어하며 컴퓨터랑 싸우고 있으면 그것이 자기 일인 것처럼 같이 싸움에 참전한다. 그런 식으로 문제를 해결한 적이 많다.

물론 조용한 사람들이 많이 모이면 사무실이 전체적으로 차분해지고, 우리 팀처럼 열정적인 사람들이 모이면 시끄러워진다. 하지만 개발이라는 업무 자체가 머리에 있는 것을 컴퓨터에 넣는 일이다 보니 대부분 개발에 집중하며 컴퓨터 자판을 두드린다. 만들어야 하는 기능이 주어지고,

자신이 맡은 부분의 프로그램을 개발하는 동안은 일반적인 사무직과 같이 조용한 분위기가 이어진다. 하지만 시스템을 분석하거나 장애가 발생했을 때는 매우 빠르고 역동적인 분위기기 된다. 조용하게 개발만 하고 싶은 개발자들에게는 좋은 이야기가 아닐지 모르겠지만, 개발자는 늘 새로운 기술을 배우고 다양한 프로젝트에 참여해야 하므로 완전히 정적인 직업이라고 말하기는 어렵다.

특히 선임 개발자가 되면 주변 개발자들에게 내가 습득한 기술을 알려주기도 해야 한다. 어느 정도 경력이 생긴 뒤에는 동료 개발자뿐만 아니라 PM, 디자이너, 기획자 등 프로젝트에 있는 모든 사람과 적극적으로 소통을 해야 한다. 사람들이 모여서 생활하는 공간이기 때문에, 업무 외적으로도 시시콜콜한 이야기를 주고받는 것이 좋다. 그래야 내가 개발하다가 어려움을 만났을 때 옆 개발자에게 부담 없이 해결 방법을 물어볼 수 있고, 개발 방향이 잘못된 것 같을 때 PM에게 편하게 이의를 제기하면서 성공적으로 프로젝트를 마칠 수 있다.

업무 분위기와 개발 일정으로 인해 스트레스를 많이 받는 개발자도 종종 있다. 주어진 마감일에 맞춰 자신이 맡은 기능을 개발해내야 하는데, 기간 안에 끝낼 수 없을 때 개발자들은 정말 힘들어한다. 이럴 때는 옆에서 고민을 들어주거나 구현을 도와주는 동료가 힘이 된다. 밤을 새워도 끝내기 힘들다고 판단하면 동료와 같이 PM을 찾아가 이의를 제기해야 한다. 경험이 많은 사업관리자들은 개발자를 더 투입하든지 기간을 늘리는 등 해결방안을 제시해 줄 것이다. 이런 점은 옛날과 많이 달라졌다. 앞에서 소개했던 개발자 박철의 신입 시절 일기를 다시 한번 보면서 이야기해보자.

2008년 11월

'이건 아닌데……'

입사하고 보니 내가 원하던 일이 아니었다. 무언가 잘못되고 있다는 생각이 문득 들다가도, 그런 생각도 사치라 생각될 만큼 바쁜 하루하루를 보내고 있다. 첫 직장인 이 회사에서 내가 속한 부서는 기업 부속 기술연구소로, 구성원이 100% 남자였다. 기술연구소는 회사 내부에 가벽으로 나눠진 별도의 공간에 배치되어 있는데, 첫 출근날 연구소로 들어갔을 때는 마치 자대를 배치받고 처음 생활관에 들어갔을 때의 기분이 들었다.

단순히 기분만은 아니었다. 1년 선배들은 이등병, 대리는 일병에서 상병, 과장은 병장, 차장은 부사관, 부장은 행정보급관, 연구소장님은 중대장. 완벽한 상명하복의 사회임을 깨닫는 순간부터 내가 다시 군대에 왔다는 생각을 지울 수가 없게 되었다. 첫날은 신입사원 환영회로 회식을 했는데, 3차까지 이어진

Part 1 깨발하는 사람들

술자리는 새벽 4시가 되어서야 마무리됐다. 택시에 몸을 구겨 넣으면서는 '아침에 어떻게 출근하지?' 하는 생각밖에 들지 않았다. 집에 도착해서는 샤워를 한 뒤 옷만 갈아입고 나왔고, 다시 회사 앞에 도착하니 7시가 좀 넘어있었다.

회사에 제출할 문서 출력을 위해 pc방에서 프린트를 하고 잠시 눈을 붙였다. 8시 40분쯤 연구소 문을 열고 들어갔을 때는, 전날 3차까지 함께 있던 이병, 상병, 병장, 중대장님까지 모두 출근해 있었다. '환영회가 아니라 신고식이었구나'라는 생각이 스쳐 지나갔다. 그렇게 입사 후 일주일은 거의 매일 술을 마셨다.

처음으로 주어진 업무는 모든 회의에 참석하며 회의록을 작성하는 것이었다. 나는 회의에서 오고 가는 대화 중 70%를 못 알아듣고 있었다. 개발 관련 용어도 제대로 알지 못하는 내가 제품 관련 용어까지 해석하려니 구분하기가 어려웠다. 오전에 회의하면 오후에는 회의록 작성으로 대부분 시간을 보냈다.

모르는 용어를 검색하고 찾아내고 잊어버리는 것을 반복하던 중, 마인드맵을 그려보자는 아이디어가 떠올랐다. 처음에는 크게 제품과 개발 두 그룹으로 나누고 자주 사용하는 용어들을 그 밑에 나열했다. 조금씩 시간이 지나면서 큰 그룹들이 생기고 그 밑에 또 용어가 붙는 형태로 발전되었다.

예를 들어, 제품 밑에 서버와 클라이언트, GIS라는 3가지 메뉴가 만들어졌다. '서버'에는 C버전, java버전이, '클라이언트'에는 액티브엑스가, 'GIS'에는 좌표가, 그 밑에 좌표계의 종류가 연결되었다. 공부에 참고할 사이트 URL를 적어놓고 시간이 날 때마다 계속 찾아볼 수 있도록 했다.

한 달 정도 지나니 용어가 어느 정도 익숙해졌다. 회의준비와 회의록 작성에 무리가 없을 때쯤부터 제품 관련 매뉴얼 작성과 신규 기능 설계서 작성 같은 문서작업 업무가 주어졌다. 그래도 시간이 지나면 개발 업무가 올 거라고 생각하고 있었는데 막상 한 달을 그렇게 보내니, 불길한 예감이 현실이 된 것이다.

벌써 15년을 훌쩍 넘긴 과거의 일기지만, 경직된 업무 분위기에서 신입 개발자가 적응하는 모습이 무척 힘겨워 보인다. 지금은 이렇게 극단적인 상황은 많이 사라졌다. 이 시절을 보낸 개발자들이 조직 분위기를 바꿔 보려고 노력했기 때문이라고 생각한다. 좋은 팀 분위기는 개발자들이 업무에 몰입하고 더 나은 성과를 낼 수 있도록 도와준다.

좋은 팀 분위기를 조성하기 위해서는 사업관리자와 개발 리더를 맡는 팀장의 역할이 중요하다. 일반적으로 개발자들은 자율적으로 일하는 것을 선호한다. 팀장은 팀원들이 스스로 업무를 계획하고 관리할 수 있도록 해야 한다. 그렇지 않으면 팀장이 모든 작업에 하나하나 다 개입해서 팀원에게 알려주게 되고, 팀원들이 수동적으로 움직이는 문제가 생길 수 있다. 프로젝트를 진행하면서 이슈가 발생하면 팀장은 회의 자리를 만들어서 서로 간에 오해 없이 협업할 수 있도록 조정해야 한다. 가능하다면 아침에 짧게라도 티타임을 갖고, 회사에서 식사하며 벽을 허물어야 한다. 또 개발자들은 배우는 것을 좋아한다. 최신동향을 파악해 팀원들이 새로운 기술을 배우고 적용하며 서로 협력하고 소통할 수 있도록 하는 것도 팀장의 역할이다. 좋은 팀 분위기를 조성하면 개발자들은 업무에 몰입하여 더 나은 성과를 낼 수 있다.

Q4
개발자와 잘 맞는
성향도 있을까요?

프로그램 개발은 이 일을 좋아해야 계속할 수 있다. 개발하고 싶지 않은데 오랫동안 개발자로 남은 사람은 본 적이 없다. 나는 대학 졸업 후 프로그래머 양성 교육과정으로 부트캠프에 참여했다. 그때 공부했던 40명 중 지금까지 개발자로 남아서 일하는 동기는 10명 이내다. 즐겁지 않으면 시간이 지날수록 일이 힘들게 느껴져서 결국 업계를 떠나게 된다. 하지만 일이 적성에 잘 맞는 사람들은 새로운 개발 요건이 등장하면 눈이 초롱초롱해진다. 누군가 요구하지 않아도 항상 먼저 최신 기술을 공부해 개발한다.

부트캠프 동기 중 한 명인 개발자 AN는 수십 년이 지난 지금도 개발을 좋아한다. 내일모레 나이가 쉰 살인데, 개발에 대한 의욕이 남달라 다른 개발자가 할 것까지 자신이 가져오려고 할 정도다. 이렇게 일하는 것을 좋아해서인지 K사 연구소에서 마에스트로라는 기술직으로 승진했다. 무엇보다 오랫동안 열정을 가지고 재미있게 할 수 있는 일이 있다는 것이 좋아 보인다. A가 이렇게 자기 일을 누릴 수 있는 것은 자신의 능력과 개발에 필요한 역량이 잘 맞아 떨어진 것도 있는 것 같다. 개발자로 성공하는 사람들이 공통으로 가진 능력에 대해 한번 정리해 보았다.

첫째, 문제 해결 능력이 있는 사람이다. 개발은 계속 수학 문제를 푸는 것과 같다. 아는 문제는 아무 생각을 하지 않고 풀지만 새로운 문제는 고민하고 어떤 공식을 적용할지 생각하면서 풀어내야 한다. 인터넷에 많은 풀이 과정이 있지만, 그 글 중에 어떤 걸 적용해야 할지 선택하고 학습해서 원하는 답을 찾아야 한다. 모르는 문제를 만났을 때 새로운 공식을 학습하고 시스템에 적용하는 것을 문제 해결 능력이라고 생각하면 좋을 것 같다.

둘째, 빠른 결정능력과 집중력을 가진 사람이다. 프로젝트를 진행하다 보면 갑자기 예상치 못한 이슈가 발생한다. 나는 이럴 때 같이 일했던 개발자들에게 자문을 얻거나 검색 사이트에서 해결 방법을 찾는다. 이 중 하나를 선택해서 진행하고, 아니다 싶으면 미련 없이 포기해 다른 방법으로 다시 시도한다. 프로젝트를 하다 보면 고민을 하느라 안 되는 일에 계속 시간을 허비하는 사람도 종종 보게 된다. 그렇게 해서 해결이 되면 좋지만, 그렇지 못한 경우가 많다. 개발 일정은 우리를 기다려주지 않기 때문에 빠르게 다른 방법을 모색할 수 있어야 한다.

셋째, 새로운 것을 배우는 걸 좋아하는 사람이다. 개발자가 새로 변화하는 기술을 못 따라가면 오랫동안 시장에 남아있기 힘들다. 새로운 길을 걷는다는 것은 항상 두려울 수밖에 없지만, 막상 새로운 길을 걷기 시작하면 생각했던 것만큼 무섭거나 힘들지 않다. 개발자 S는 학습 능력이 좋다. 영어는 잘하지 못하지만 번역기를 돌려가면서 신기술을 내용을 본다. 그 내용을 토대로 실제로 코딩해 본다. 그냥 재미로 신기술 내용을 보는 개발자는 많아도, 실제로 코딩까지 실천하는 개발자는 많지 않다. S는 코딩해 본 기술을 자기 것으로 만들고 이전에 했던 내용이랑 비교해본다. 성능이 좋으면 주변 개발자들에게 전파하는데 이 기술이 어떤 기술이 얼마나 좋은지 열변을 토한다. 이렇게 귀동냥한 기술을 실제로 사용하는 사람도 있다. 모두에게 도움이 되는 것이다.

어떤 일이든 그 일을 즐기는 사람을 이길 수 없다. 어떤 문제가 있을 때 우리는 기존에 하던 방법대로 하는 경우가 많다. 그럴 때 개발을 즐기는 사람은 조금 다른 시선으로 접근해 여러 방법을 시도해 본다. 보통 사람은 파일을 10개 폴더에 복사하는 상황에서 대부분 수작업으로 10번 복사한다. 어렵지도 않은 일이니 군이 자동화하지 않는 것이다. 하지만 개발을 즐기는 개발자는 이런 것을 그냥 두지 않는다. 복사할 파일 리스트만 입력하면 자동으로 복사되는 솔루션을 개발한다. 갑자기 1000여 개 파일에 복사할 일이 발생할 수 있기 때문이다. 하나의 폴더에 복사하는 시간이 30초 정도라고 가정하면 8시간 20분 정도 걸리는 일이다. 그런데 이때 개발한 솔루션이 있다면 리스트를 입력하고 20분 만에 복사를 마칠 수 있다. 수작업으로 할 때와 달리 실수도 없나.

개발자가 되기 힘든 사람은 위의 성향을 반대로 가진 경우를 생각하면 된다. 새로운 것을 배우는 것을 싫어하는 사람, 학습 능력이 없는 사람, 협업하는 것을 싫어하는 사람, 끈기가 없는 사람, 수학이나 컴퓨터에 대한 두려움을 가진 사람, 그리고 개발을 싫어하는데 어쩔 수 없이 먹고 살려고 개발하는 사람들이다. 하지만 노력하면서 시간이 지나면 점점 노하우가 쌓여 개발하는 것이 좋아지기도 한다. 이런 어려움을 즐거움으로 바꾸어 후천적 개발자로 변신했다고 말하는 개발자도 본 적이 있다.

Q5
첫 직장은 어떤 곳으로
골라야 하나요?

2002년, 우리나라가 붉은악마 응원으로 난리였던 그 해에 프로그래머 교육과정을 마치고 여러 회사에 입사 지원서를 냈다. 한일월드컵이 한창이라 공부를 할 수 있는 분위기가 아니었다. '예선전 끝나고 공부해야지.' 했는데 16강 진출! '설마 이탈리아를 이기겠어.' 했는데 이기고 8강 진출! 스페인마저 이기고 기적의 4강 진출! 당시 프로그래머 교육과정 동기들은 대부분 6개월 개발자 과정 중 한 달을 날렸다. 나는 더 심했다. 학원 땡땡이치고 터키와의 4강전 티켓을 구해서 대구까지 보러 갔다. 수업을 못 해서 결석 체크 되었지만, 동기들은 경기를 보고 온 나를 부러운 눈으로 쳐다봤다.

우여곡절 끝에 학원을 수료하고 취업 원서를 냈는데 정말 취업하기 힘들었다. 프로그래머 교육과정 팀 과제에서 흥미를 얻은 GIS로 진로를 정하고, 여러 지도솔루션 회사에 지원서 냈지만 한 군데도 불러주는 곳이 없었다. 그러던 2003년 초에 전 직원 10명 내외 벤처 GIS 회사에 입사하게 되었고 매일 새벽 2시까지 일을 했다. 회사가 영세해서 월급도 못 받을 때가 있었지만, 그때의 경력과 열정이 바탕이 되어 다음 취업 때 우리나라 최고의 GIS 회사에 이직할 수 있었다. 그 이후에는 전 세계 매출 1위의 GIS 회사에서도 일하게 되었다.

경력 없는 사회초년생이 처음부터 좋은 IT 회사에 들어가서 개발하는 경우는 정말 드문 것 같다. 기업에서는 컴퓨터 관련 학과와 대학을 졸업하고, IT 자격증을 취득하고, 개발자 양성과정을 수료한다고 하더라도 신입 개발자보다는 바로 현장에서 일할 수 있는 경력자를 선호한다. 교육에 대한 비용 부담이나, 경력을 쌓은 후 다른 회사로 이직하는 등의 리스크를 고려하기 때문이다.

하지만 개발자를 필요로 하는 수요는 꾸준히 있는 편이다. 신입 개발자들도 첫 직장에 대한 기준을 조금 낮추면 개발업체에 취업할 수 있다. 첫 직장이 중요하지만, 자신이 하고 싶은 분야를 개발할 수 있는 회사라면 급여와 환경을 생각하지 말고 먼저 취업부터 하는 것이 좋을 것 같다. 이렇게 쌓은 경력이 다음 직장에서 나를 평가하는 중요한 조건이 된다. 첫 회사에 뼈를 묻겠다는 옛날 직업관을 가질 필요도 없다. 개발에 관련된 다양한 업무 경험을 아래에 정리해보았다.

인턴십 신입 개발자를 위한 인턴십 기회를 찾아 지원해야 한다. 이런 인턴십은 종종 실용적인 기술을 습득하고 업계가 돌아가는 흐름을 이해하는 데 도움이 된다. 선임 개발자의 멘토링과 교육, 그리고 실습 경험을 얻을 수 있다. 인턴십도 취업 시 경력으로 인정해주는 경우가 많아, 경력을 시작하는 훌륭한 방법이 된다.

스타트업 네이버 같은 대기업이나 제니퍼소프트 같은 중견 IT 회사에 들어가면 좋겠지만, 채용시장은 기회가 매우 한정되어 있다. 고정관념에서 벗어나 다양한 프로그램을 개발하는 스타트업 회사에 들어가는 것도 고려해 보자. 작은 회사에서는 프로젝트의 진행 과정을 깊이 이해할 수 있다. 회사의 성장에 직접 기여하고, 팀원들 간의 협력도 더욱 긴밀하다.

오픈소스 참여 오픈소스 프로젝트에 참여하는 것은 강력한 포트폴리오를 구축하는 방법이다. 숙련된 개발자와 협업하면서 실제 경험을 쌓고, 피드백을 얻으면서 배울 수 있다. 특히 글로벌 기업의 경우 오픈소스 프로젝트 참여를 매우 중요한 채용 포인트로 생각한다.

모의해킹 및 코딩 대회 대회에 참가하면 다른 개발자와 네트워크를 형성하는 데 도움이 된다. 채용 담당자 또는 업계 전문가들에게 자신을 드러낼 기회다. 연마한 개발 기술과 문제 해결 능력을 보여줄 기회가 되기도 한다. 정해진

시간 안에 프로젝트를 수행하는 경험을 통해 배우는 것도
있다.

온라인 오프라인 개발 커뮤니티 개발 모임 활동을 하면 업계
전문가와 인적 네트워크를 적극적으로 형성할 수 있다. 또
GitHub와 같은 플랫폼을 통해 공통 프로젝트에 참여할 기
회가 생긴다. 다른 선배 개발자들과 긴밀하게 소통하며 작
업을 공유하면 취업 시 더 많은 추천 기회를 만들 수 있다.

Q6
개발자는 어느
타이밍에 이직하나요?

개발자 중에 '평생 이 회사에 뼈를 묻고 정년 퇴임할 때까지 다녀야지!'라고 생각하는 사람은 없을 것이다. 구글이나 페이스북 같은 회사에서 채용하고 싶다는 의사를 전해왔을 때 이직하지 않는 개발자가 과연 몇이나 될까? 개발업체 대표님들은 싫어하는 얘기일지 모르지만, 개발자에게 이직은 필연적 요소라고 생각된다. 무엇보다도 자기 발전을 위해 필요하다. 보통은 회사에서 주로 사용하는 개발 언어, 개발 솔루션, 개발 패키지 같은 것이 있다. 한 회사에 오래 있으면 이런 기술에 장인이 될 수 있을지 모르지만 새로운 기술을 배울 기회가 적어지는 것도 사실이다.

물론 계속 신기술에 대해서 고민하며 같이 배워가는 훌륭한 회사도 있다. 하지만 일반적으로는 회사의 개발 주특기를 정해 그 작업만 하는 경우가 대부분이고, 그러다 보니 개발자들은 여러 가지 기술을 접할 기회가 적다. 어떤 신입 개발자가 회사에서 윈도우 게임 어플리케이션 프로그램을 만든다고 가정해 보자. 이 개발자는 알고 보면 게임 웹 커뮤니티 사이트를 만드는 것이 더 적성에 맞을 수 있다. 경험해보지 않으면 알 수 없는 부분이다. 다양한 일을 접해 보고 거기서 자기 주특기 개발을 선택하는 것이 좋을 것 같다.

현실석으로는 급여 문제도 있다. 한 회사에 계속 다니면서 연봉이 오르는 것을 기디리는 것보다, 자기를 필요로 하는 회사에 스카우트 되는 것이 좀 더 빠르게 높은 연봉을 받는 방법이다. 물론 한 회사를 열심히 잘 다녀 임원이 되거나 스톡옵션을 받는 개발자도 있다. 이직 결정은 각자 자신의 커리어 목표, 기술 역량, 그리고 현재 회사의 상황을 고려하여 내리는 것이 좋다.

커리어(career) 개발자는 자신의 커리어 목표를 달성하기 위해 이직하는 경우가 많다. 예를 들어, 네카라쿠배 -네이버, 카카오, 라인, 쿠팡, 배달의민족- 같이 앞으로 나의 경력에 좋은 영향을 주는 회사에 들어가는 걸 말한다. 왜 '네카라쿠배' 같은 회사가 좋을까? IT업계 최상위의 연봉도 그 이유가 되겠지만, 그보다는 최신 트랜드의 IT기술을 사용해서 프로그램 개발해 볼 수 있는 개발 환경을 만날 수 있다는 것이 더 매력적이다. 최근 MZ세대에 가장 인기가 많은 선호 기업은 구글코리아다. 이 기업에 들어가기 위해서는 적성 테스트부터, 코딩시험, 경력검증, 영어면접 등 입사 전 여러 가지 테스트에 통과해야 한다. 이런 테스트를 통과했다는 것 자체가 실력을 인증하는 것이므로 커리어에 도움이 된다. 또한 자유로운 개발 환경에서 최신 IT

산업에 관련된 업무를 트레이닝하기 때문에, 개발 업무의
capa를 넓힐 수 있다. 번외로 이런 회사는 월급 및 처우가
매우 좋다. 회사 내에 휘트니스 센터 등 편의시설이 있고,
자기계발을 위한 지원도 가능하다. 물론 분기마다 하는 성
과 결과 제출은 많은 스트레스를 주기도 한다.

기술 역량 개발자는 자신의 기술 역량을 향상하기 위해 이
직을 할 수 있다. 예를 들어, 웹 개발을 전문으로 하던 개발
자가 아이폰이나 안드로이드에서 사용할 앱을 만든다든지
아니면 일반 회사 홈페이지를 개발하다가 공장 사무 자동
화 프로그램 같은 특징을 가진 새로운 기술을 배우기 위해
이직을 한다. 이직할 때 연봉이 높아지는 경우가 일반적이
지만, 기존 연봉보다 받는 금액이 적어져도 과감히 미래를
위해 이직하는 경우도 적지 않다.

현재 회사의 상황 개발자는 현재 회사의 상황을 고려하여
이직을 결정할 수 있다. 내 생각에는 이 부분이 가장 중요
하지 않을까 한다. 예를 들어, 작은 회사에 근무하면 경제
적으로 어려워 월급이 밀리는 경우가 있다. 또는 너무 경
직되거나 수직적인 문화를 가진 회사도 있다. 회사 사정은
나의 경제적인 상황과도 직접 연관되니 이럴 때는 과감히
이직을 선택하는 것도 나쁘지 않다. 그러나 이직은 결코
쉬운 결정이 아니다. 먹고 사는 일이니만큼 주변 선배들의
의견도 물어보고 잘 생각해서 결정해야 한다.

나 역시 7번의 이직을 경험했다. 회사의 추구하는 방향이 내가 생각하는 방향과 멀어질 때, 더 좋은 조건의 스카웃 제안이 들어올 때 이직을 선택했다. 어느새 20년 넘는 시간이 흐른 지금은 평생직장의 개념이 사라진 지 오래다. 철통 밥그릇이라고 하는 공무원을 그만두고 나오는 청년도 많이 보았고, 대기업에서 '명예퇴직'이라는 이름으로 강제 퇴직당하는 친구들도 보았다. 젊어서 열심히 일하고 중년부터 자기 삶을 즐기는 파이어족이 유행이기도 하다. 나 역시 디지털 노마드를 꿈꾸던 때가 있었다. '디지털 노마드'는 디지털과 유목민이라는 뜻의 노마드가 합성된 언어로, 인터넷 접속이 곳에서 노트북으로 자유롭게 근무하는 사람들을 말한다. 대부분 프리랜서다.

언젠가 태국여행에서 카오산에 위치한 카페에 방문한 적이 있다. 디지털 노마드가 많이 모인다는 곳이었다. 가서 사람들의 분위기를 살펴보니 그런 업무 환경을 얻으려면 영어로 원활하게 일을 진행할 수 있어야 했다. 생활 영어 정도만 가능한 나는, 좀 더 어릴 때 영어 공부를 더 하지 못했던 것을 후회했다. 후배들은 열심히 공부해서 이런 삶이 있다는 것을 참고하여, 구글과 같은 외국계 기업에도 도전해 보면 좋겠다. 태국과 말레이시아 같은 경우 장기체류할 수 있도록 디지털 노마드 비자도 발급하고 있다.

IT 개발과 관련된
학과 소개

개발자가 되기 위한 명확한 학력 기준은 없지만, 관련 분야를 전공하면 프로그래밍 및 소프트웨어 개발에 필요한 지식과 기술을 쌓는 데 도움이 된다. 대학에서 컴퓨터와 관련된 학과는 크게 공학 계열과 인문 계열로 나눌 수 있다. 실제 개발자들의 출신 학과로 어떤 것들이 있는지 정리해 보았다.

공학 계열

게임 공학과
게임을 설계, 개발 및 운영한다.

데이터 공학과
데이터를 수집, 저장, 분석 및 활용하는 기술을 다룬다.

로봇 공학과
로봇을 설계, 제작, 제어 및 응용한다.

소프트웨어 공학과
소프트웨어 시스템의 설계, 개발, 유지보수 및 관리를 다룬다.

인공지능 공학과
인공지능 기술을 연구하고 개발한다.

인터넷 공학과
인터넷 기술 및 응용 분야를 다룬다.

컴퓨터 공학과
컴퓨터 시스템의 하드웨어와 소프트웨어를 설계, 개발 및 분석
한다.

전자 공학과
전자 장치와 시스템을 설계, 개발 및 분석한다.

정보 공학과
정보처리 및 활용 기술을 다룬다.

통신 공학과
정보 통신 시스템을 설계, 개발 및 분석한다.

인문 계열

경영 정보학과
정보 기술을 활용하여 경영 활동을 효율적으로 수행한다.

정보 과학과
정보의 생성, 처리, 활용을 다룬다.

정보관리학과
정보의 조직, 관리, 활용을 다룬다.

컴퓨터 과학과
컴퓨터와 정보처리에 대한 기초적인 이론과 응용을 다룬다.

I am a programmer

Part 2 프로그램 만들기

1 개발자의
과정

"나는 개발자가 꿈이었는데, 지금 뭐 하고 있는 거지?"

매일 반복되는 소스 리뷰와 내부 회의가 끝나면 모니터에 일정표를 펼쳐 놓고 개발자들과 한바탕 실랑이를 한다. 그 후 고객과 함께 주간보고, 월간보고 등 프로젝트 사업관리 회의에 들어간다. 개발자들은 생각보다 회의가 많다. 개발과 관련 없어 보일 때도 있다. 나는 사업관리를 맡아서 진행하고 있는데, 최근에는 다만 몇 줄이라도 소스코드를 추가한 적이 없다. 대신 회의록과 개발 관련 문서를 매일 업데이트한다. 다음 개발을 하기 위해서는 내가 작성한 문서가 필요하기 때문이다. 내가 회의에 다녀오면 개발자들은 회의에서 결정된 내용을 물어본다. 이 이야기를 나눴다고 언질한 것도 아닌데 신기한 일이다.

프로그램을 개발할 때는 만들어야 하는 기능 한 가지에 집중하면 그만이었는데, 지금은 같이 일하는 모든 개발자의 기능을 확인해야 한다. 또 이슈가 발생하면 플랜A, 플랜B를 만들면서 해결해야 한다. 고객들은 왜 이렇게 이상한 사람이 많은지, 예를 들면 이런 식이다. "문구 아래로 눈에 확 띄는 진한 라인을 넣어주세요. 그리고 요즘 트렌드가 투명이니 투명한 라인을 만들어 주세요." 진한데 투명이고 눈에 확 보이는 선이란 무엇인지 당최 알 수가 없다. 답답한 마음에 대응하고 싶지만, 그저 "고민해보겠습니다."라고 말하고 넘어간다. 이런 경우는 다음 회의를 기다려야 한다. "저희가 회의를 해봤는데 투명하고 눈에 확 보이는 라인은 구현하기 힘들 것 같아 다른 방법을 찾아봤습니다."라고 말하며 디자이너가 만들어 준 시안을 소개해야 한다.

개발자 중에도 이상한 사람은 있다. 당연히 있어야 하는 기능인데 따로 요청하지 않아 만들지 않았다고 하거나, 불필요한 기능인데 작업을 해놓고서 지시사항에 없었다고 말하는 것이다. 예를 들어, 계산기 프로그램을 만든다면 당연히 계산기 자판에는 숫자와 기호만 입력되어야 한다. 사업관리자인 나는 '문자가 들어가면 안 된다'고 화면정의서를 작성했는데, 개발자는 그 문자가 영어만 뜻하는 줄 알았다며 한글이 입력되도록 만들었다. 계산기에 왜 한글 입력 기능이 필요한지 이번에도 당최 알 수 없지만, "다음에는 내가 더 자세히 문서에 적고 꼭 설명도 해줄게."라고 말하고 넘어간다.

오늘은 개발자 중 한 명이 형상관리 서버에 최신 소스가 아닌 한 달이 지난 버전 소스를 업데이트했다. 개발자 소스관리 서버가 옛날 소스로 변경되었으니 그걸 다운로드 받아 소스를 업데이트한 다른 개발자들은 혼란에 빠졌다. 다행히 형상관리 담당자가 원인을 찾고 이전 백업받은 소스로 롤백해서 문제가 해결되었다. 롤백은 이전의 안정적인 상태로 되돌리는 것을 말한다. 문제가 해결되자 형상관리 담당이 나한테 와서 어제 회의한 회의록 문서를 형상관리 서버에 업데이트 안 했다고 나에게 미루지 말고 작성한 그때 서버에 올리라고 한소리했다.

고객이나 개발자와 이런저런 일을 하다 보면 시계는 여섯 시를 넘어간다. 고객도 개발자도 모두 퇴근하는 시간이다. 하지만 사업관리자는 그때부터 일을 시작한다. 오늘 나온 이슈를 등록하고 일정을 조율하고 산출물을 만든다. 이렇게 남아서 야근하는 이유는 다음 날 고객과 개발자가 의견조율을 원활하게 할 수 있도록 돕기 위해서다. 매일 야근하는 것은 아니지만 내용이 많은 날에는 업무시간 이후에 정리하는 것이 불가피하다. 이 자리에 와보니, 주니어 시절 함께 일하던 PM이 왜 매일 야근을 했는지 이해가 된다. 당시에는 PM이 매일 자리를 비우는 것을 보면서 고객과 만나 시시콜콜한 이야기만 하다 돌아오는 줄 알았다. 하지만 막상 그 일을 깊이 들여다보니, 사업관리는 정말 중요한 일이었다. 회의에 들어갈 때마다 커피를 마시다 보니 원하지도 않는 음료를 하루 동안 여섯 잔씩 먹는 날도 있었다.

사업관리자는 매 회의에 전투적으로 참여해야 한다. 사업 관리자가 회의에 집중하지 못하거나 그 안에서 자기 역할을 못 하면 일이 꼬인다. 고객이 요구하는 이상한 기능을 추가로 만들어줘야 하고, 개발자는 그 기능을 개발하느라 늦게까지 일해야 하고, 디자이너는 "이 화면에 이 기능을 도저히 넣을 수 없는데 어떻게 하면 되는 거"냐며 패닉에 빠진다. 또 개발 일정을 잘못 잡을 수도 있다. 개발하는 데 한 달 정도 걸리는 기능을 일주일 안에 개발하는 것으로 협의하면 개발자가 매일 야근을 해도 기능은 일정보다 늦게 나오게 된다. 그 기능과 연관해서 개발하는 모든 업무의 일정도 다 같이 밀리는 큰일이 벌어진다.

형상관리 담당자가 관리하는 문서 및 소스관리도 마찬가지다. 최신 업데이트 문서가 제공되지 않으면 개발자는 최근 업데이트된 기능은 알지 못하고 프로젝트에 기능 누락이 되는 문제가 생길 수 있고 소스가 최신 소스로 업데이트되지 않으면 개발자들 엉뚱한 개발을 하게 된다. 가끔 유지 · 보수를 하는 개발자가 옛날 문서를 보고 전화를 해온다. "이거 최신 문서 맞아요? 문서에 있는 대로 하는데 왜 안 되는 걸까요?"라며 짜증을 낸다.

하지만 프로젝트를 마치고 나면 다른 무엇에 비교할 수 없는 기쁨이 찾아온다. 우리 팀이 만든 프로그램을 사람들이 사용하면서 만족하는 것을 볼 때는, 마치 내가 실무단에서 개발할 때 느꼈던 것처럼 뿌듯한 감정이 느껴진다. 얼마 전에는 고객에게 전화가 왔다. 갑자기 밥을 사겠다고 해서 무슨 일이냐고 물었더니, 우리가 개발한 프로젝트가 최우수 평가를 받아서 본인이 진급한다는 소식을 전했다. 같이 저녁을 먹으면서 "다음에도 우리 프로젝트 꼭 참여해 주세요."라고 하기에, "불러주세요. 연락 주시면 같이하겠습니다."라고 답했다. 프로젝트 과정에서는 나와 눈에 불을 켜고 싸우며 회의하던 사람인데, 나도 고객도 나쁜 기억은 잊는 능력이 있나 보다. 프로젝트를 같이한 개발자들도 마찬가지다. 시간이 지난 후에 얼굴 한번 보자고 모이면, 같이 일하던 때가 재미있었다며 이야기를 나눈다. 매일 밤새 우면서 힘들게 개발했는데 뭐가 그렇게 좋을까 싶지만, 지난 시간이니 '그때가 좋았어'하는 게 아닌가 싶다.

사업관리와 개발은 분명히 하는 일이 다르지만, 프로젝트를 하기 위해 반드시 소통이 필요한 관계이다. 예전에는 나이가 많아지면 PM이 되어 사업관리를 해야 한다는 이야기도 있었는데 요즘은 젊은 PM도 많이 있다. 개발하는 것보다 사람들과 소통하는 것이 더 좋으면 사업관리에 도전해 봐도 좋다. 프로젝트를 총괄하는 일이라 일반적으로 개발자보다 연봉도 높다. 사업관리의 특성이 성격과 잘 맞는다면 재미있게 일할 수 있는 분야이다.

신규 서비스나 사업은
어떻게 만들어지나요?

프로젝트의 종류가 많다. 기상청에서 날씨에 대한 정보를 제공하는 '날씨누리'처럼 정부에서 민간에 제공하는 공공 프로젝트, 'SAP ERP'와 같은 기업 재무회계 프로그램처럼 기업에서 업무 효율성을 위해 만드는 프로젝트, '배달의 민족'처럼 스마트폰 앱이나 웹사이트를 통해 기업이 일반인을 대상으로 판매나 서비스를 제공하는 상용서비스 프로젝트 등 사용하는 목적에 따라 다양하다. 경험상 이 중에 가장 재미있고 기억에 남는 프로젝트는 일반인 사용자를 대상으로 개발하는 상용서비스 프로젝트였다. 소규모로 진행됐지만, 정해진 목적하에 팀원들이 만들고 싶은 것을 만들었다. 보통은 정부나 기업에서 원하는 것을 만들기 때문에, 내가 원하는 것을 만들어 보는 경험이 특별했다.

신규 서비스나 프로젝트에 대한 진행 과정을 이론적으로 나열하는 것보다, 우리가 음악 알람 프로그램 MUSE(뮤즈)를 개발하는 사업을 진행한다고 가정해서 프로젝트가 만들어지는 단계를 살펴보면 이해가 빠를 것 같다. 같이 프로그램을 개발한다고 생각하고 이야기해보겠다.

아이디어발굴 프로젝트를 시작하면 일반적으로 아이디어를 먼저 발굴하게 된다. 아이디어는 사용자가 필요로 하는 것을 파악하고, 경쟁사와 차별화할 수 있는 요소를 고려하여 도출할 수 있다. MUSE는 아침에 일어나다가 문득, '아침에 일반적인 알람 소리 대신 매일 새로운 음악이 나오는 스마트폰 앱을 만들면 좋겠는데'라는 아이디어가 떠올라 만들게 됐다. 알람 앱이 시중에 이미 출시해 있는지와 과연 우리가 만든 프로그램이 타사 프로그램과 어떤 차이를 가지는지 생각해서 포트폴리오를 만들었다. 여기서 포트폴리오를 어떻게 만드냐가 중요하다. 이력서와 포트폴리오를 작성할 때 내가 잘하는 일이 많아도 간결하게 요약해서 적지 않으면 면접관이 그 사람의 능력을 모르는 것처럼, 서비스의 내용도 사용자에게 어필할 수 있도록 적어야 한다.

시장조사 아이디어를 발굴한 후에는 시장조사를 통해 아이디어의 타당성을 검증해 보아야 한다. 사람들이 정말 필요로 할지 파악하고, 사업의 성공 가능성을 예측해야 하는 힘든 과정이다. 위에서 언급한 우리가 만든 음악 알람 프로그램을 사람들이 실제로 많이 사용할지 객관적으로 예측하기가 정말 힘들다. 만들 프로그램에 낙관적인 사람, 비관적인 사람 모두를 만나서 의견을 들어보고 MUSE와 비슷한 프로그램의 시장을 조사해 파악하면 좋다.

사업 계획 수립 시장조사를 통해 아이디어의 타당성이 검증되면 사업 계획을 수립해야 한다. 사업 계획에는 사업의 목표, 사업 모델, 마케팅 계획, 재무 계획 등이 포함되어야 한다. 여기서 제일 중요한 일은 우리가 프로그램을 만들 수 있는지 역량을 파악해 계획을 수립해야 한다는 점이다. MUSE는 만드는데 개발자 2명과 반년의 시간이 필요하다. 이렇게 대략적인 일정도 추정하고, 완성한 뒤 어떻게 홍보할지 생각했다. 만약 우리가 직접 홍보하지 못하면 홍보전문업체를 이용할지 고민해야 한다.

사업 실행 첫 달에는 디자이너와 함께 MUSE의 프로그램 시안을 잡고 개발할 장비를 세팅했다. 둘째 달부터는 음악 플레이 모듈을 개발하고 알람 프로세스를 만들면서 하나씩 개발을 시작했다. 마지막 달에는 사용자 테스트까지 성공적으로 마쳤다. 그제야 제품이 나오게 된다. 물론 사업 실행에는 제품 개발뿐만 아니라 프로그램 홍보 및 소개 홈페이지 개발, 고객지원을 위한 게시판 등과 같은 것도 포함된다.

사업 평가 사업을 오픈한 이후에는 해당 프로그램의 성과를 평가해야 한다. 우리가 고객의 요구를 잘 파악했는지, 우리가 생각한 시장조사처럼 시장이 형성되어 있었는지, 앞으로 차기 버전의 프로그램을 개발해야 할지 아니면 서비스를 종료해야 할지 등을 다룬다. 이런 사업 평가를 통해 사업의 성공 여부를 판단하고, 사업을 개선해 더 나은 프로그램을 만들 수 있다.

위에서는 신규 서비스나 사업이 만들어지는 일반적인 과정을 설명했다. 하지만 우연히 자기가 하고 싶은 일을 하다 서비스가 된 경우도 많다. 페이스북은 마크 저커버그가 다녔던 필립스엑시터Phillips Exeter Academy 스쿨에서 학생들의 친목을 위하여 학생들의 프로필 사진과 자기 정보를 적고 공유한 출석부였다. 하버드 학생들만 이용하던 사이트 '더 페이스북' 사이트가 주변 아이비리그의 다른 대학교로 퍼져나가면서 유명해졌고, 일반 사용자들까지 가입할 수 있게 되면서 전 세계에 퍼져 세계적인 서비스가 되었다.

개인이 혼자 기획해서 만들고 싶은 것을 하다 서비스가 된 것도 있다. 우리나라의 배달 플랫폼 '배달의 민족' 김봉진 대표는 스마트폰 어플리케이션으로 전화번호부를 만들면 좋겠다는 아이디어를 실행에 옮겼다. 처음에는 사무실도 없이 카페에서 개발했고, 쓰레기통을 뒤져 수거한 동네 식당 전단지를 데이터로 모아 앱을 만들었다. 그것이 계속해서 발전되면서 현재의 플랫폼으로 자리 잡았다. 생각한 좋은 아이디어가 있는 개발자라면 신규 서비스에 도전을 해보는 것도 좋은 도전이 될 것이다.

어떤 분야에서
IT 개발을 활용할 수 있나요?

IT 개발은 사용하지 않는 분야가 없고 점점 더 많이 활용할 것이다. 고등학교 때 '기술'이라는 과목의 선생님이 있었는데, 유머 감각도 있고 학생들에게 신뢰도 얻는 선생님이었다. 선생님은 앞으로 '프로그램'이라는 과목이 생길 것이라고 말씀하셨다. 시간이 지나 정말 그런 과목이 생겼고, 지금 '정보'라는 과목으로 학생들이 프로그램을 배우고 있다. 요즘은 중고등학생 중에도 개발할 수 있는 친구들이 제법 많다. 내가 군대에 갔을 때만 해도 키보드 자판을 쓸 줄 아는 사람이 나밖에 없어 행정병으로 근무했는데, 지금은 스마트폰 자판으로도 문자를 보내는 세상이니 격세지감이 느껴진다.

80년 이전에 출생한 분들은 기억하고 있겠지만 휴대전화가 생겼을 때 그 크기는 한 손에 들었을 때 무거울 정도로 컸다. 기능도 전화 통화뿐이었다. 그런데도 가격은 지금의 최신 스마트폰 보다 비쌌다. 기술이 점점 발전해 크기가 작아지고 문자도 보낼 수 있고 카메라도 들어가게 되었다. '이러다 나중에는 휴대폰으로 음악도 들을 수 있겠다'라고 농담으로 말했었는데, 이제 음악은 물론 동영상까지 못 하는 게 없어졌다. 이렇듯 기술은 계속 발전해 사람들이 편리한 삶을 살 수 있도록 돕는다. IT 분야 신기술이 앞으로 어떻게 활용될지 정리해 보았다.

인공지능 AI 쉽게 생각해서 '기계가 사람같이 생각하는 것'이다. 이미 우리 삶의 많은 부분에 자리 잡았지만, 앞으로는 더욱 많은 분야에서 활용될 것이다. 예를 들어, 의료 분야에서 X-ray, CT, MRI 등 다양한 의료 영상을 분석하여 질병을 조기에 진단할 수 있을 것이다. 또, 교육 분야에서 활용되면 학생들의 학습 데이터를 분석하여 개인의 강점과 약점을 파악하고, 부족한 부분을 집중적으로 학습하여 학생들의 학습 효과도 높아질 것이다. 제조 분야에서 생산 공정의 각 단계별 데이터를 분석하여 불량률을 줄이고, 생산 효율성을 높일 수 있다. 금융 분야에서 고객의 과거 데이터를 분석하여 맞춤형 금융 상품을 추천하고, 개인 투자 포트폴리오를 관리하여 고객의 편의를 높이는 데 활용하기도 할 것이다. 일러스트레이터가 원하는 내용의 애니메이션을 요구하면 이미지나 동영상으로 자동으로 그려주기도 한다. 이런 인공지능이 우리의 일자리를 빼앗을 것이라고 걱정하는 사람들도 있지만, 그보다는 전통적인 일자리에서 벗어나 새로운 일자리를 만들고 있다고 보는 것이 맞을 것 같다.

빅데이터 방대한 데이터를 분석하여 새로운 정보를 발견하는 것이다. 빅데이터는 이미 알게 모르게 우리 생활에 많이 활용되고 있다. 예전에 통신사 빅데이터 프로젝트에 참여한 적이 있다. 사람들이 통화 신호를 가시고 세대별 위치를 분석했다. 예를 들어, 빅데이터를 활용해 30대 여성이 많이 가는 특정 장소와 시간을 도출한다. 그 분석자료를 바탕으로 옷가게나 카페 창업 등을 제안하는 것이다. 또, 저녁 시간 20대가 많이 가는 장소를 분석해 타깃에 맞는 사업을 진행할 수도 있다. 이런 과정을 통해 의사결정의 방향을 제시할 수 있고, 사람들이 더 나은 결정을 하도록 도움을 줄 수 있다. 마케팅 분야에서는 고객의 행동 패턴을 분석해 맞춤형 서비스를 제공하고, 금융 분야에서는 고객의 금융 습관을 분석해 금융 사기를 예방한다. 제조 분야에서는 고객 만족도를 파악해 제품의 품질을 개선하고, 보건 분야에서는 질병의 발생을 예측한다. 인터넷 광고창에 맞춤형 검색어가 자동생성되거나, 유튜브 알고리즘이 사용자의 관심사 위주로 영상을 추천하는 것도 빅데이터를 활용한 것이다.

클라우드 컴퓨팅 인터넷을 통해 컴퓨팅 자원을 제공하는 서비스이다. 네트워크로 가상의 하드디스크를 제공해 주기도 하고 가상 컴퓨터 네트워크로 제공해 주기도 한다. 클라우드 컴퓨팅은 기업과 개인에게 컴퓨팅 자원을 저렴하게 제공한다. 컴퓨터나 하드디스크와 같은 저장 장치를 큰 돈을 들여 사지 않고도 월 이용료를 내고 구독할 수 있도록 해서 부담을 줄인다. 예를 들어, A사는 클라우드 컴퓨팅을 제공하여 비대면 업무를 할 때 집에서 무리 없이 회사 컴퓨터에 접속할 수 있도록 했다. 이런 클라우드 환경에서는 IT 인프라를 구축하고 어플리케이션을 개발하고 데이터를 저장·분석하는 것까지 모두 가능하다.

사물인터넷(IoT) 사물에 센서와 통신 기능을 부여하여 인터넷에 연결하는 기술이다. 스마트폰 앱을 통해서 우리 집 현재 냉장고 안 온도가 몇도 인지 알 수 있다. 세탁기, 건조기의 세탁작업 진행 상황도 알 수 있다. 우리 집 로봇 청소기는 청소뿐만 아니라 내가 원하는 대로 집 안의 특정 위치의 사진을 찍어서 실시간으로 보여주기도 한다. 반려견이 있는 분들이 이 기능을 편하게 사용한다. 최근 지어지는 아파트는 들어가기 전 보일러나 에어컨 온도를 원하는 데로 조절해 에너지를 절약한다. 제조 분야에서는 공장 자동화를, 유통 분야에서는 바코드를 읽어 자동으로 주소가 같은 택배를 분류하는 물류 관리시스템을 만든다. 의료 분야에서는 환자를 원격으로 보는 모니터링 및 진료를 볼 수 있다. 보안 분야에서는 자동 감시카메라 같은 보안 시스템을 개선하는 데 활용될 수 있다. 이런 사례는 IT 개발의 활용 중 일부에 불과하다. IT개발은 앞으로도 우리 삶을 더욱 편리하고 효율적으로 만드는 데 중요한 역할을 할 것이다.

Q3
IT 업계 동향이나
트렌드 파악은 어떻게 하나요?

새로운 기술은 계속해서 쏟아져 나온다. 그중 어떤 기술이 최신 정보인지를 알아야 정말 필요한 기술을 습득할 수 있다. 물론 프로젝트를 시작할 때 어떤 트렌드를 기준으로 작업할지는 시스템 설계자들이 알려준다. 하지만 개발자는 늘 최신동향을 파악하고 있어야 한다. 그래야 프로젝트에서 당황하지 않고 작업할 수 있다. IT 트렌드를 파악하는 데에는 뉴스 사이트를 구독하거나 전문가들의 블로그를 참고하거나 업계 행사에 참여하는 등의 방법이 있다. 보통은 최신 IT 트렌드를 알려주는 사이트에서 정보를 습득한다. 주변 개발자와 내가 많이 보는 최신 인터넷 사이트를 공유하자면 다음과 같다.

블로터(Bloter) 디지털 전문 미디어 사이트로서 IT 산업의 전반적인 내용을 다루고 있다. 특정 기술보다는 IT 전체적인 흐름을 보는 사이트로, 특집 기사로 최신 기술에 상세한 설명 같은 내용도 많이 나와 도움이 된다. 최근에는 월간 1,000만 뷰를 달성할 만큼 많은 이용자가 사용한다. 그만큼 신뢰도가 있는 사이트이므로 최신 기술 및 업계 동향

을 알고 싶은 분들에게 추천한다. https://www.bloter.net/

요즘IT IT 업계의 맨토라고 할 수 있다. 업계에서 명망 있는 고참 개발자, DBA, 디자이너 등 여러 전문가가 블로거로 참여하고 있다. 많은 전문가가 자기만의 경험담과 노하우를 알려줘서 흥미롭게 사이트를 볼 수 있다. 기획 기사 형식의 글과 뉴스레터 형식으로 콘텐츠가 제공되어 이해하기 쉽게 정보를 얻을 수 있다. 가벼운 마음으로 IT 선배들의 글을 읽고 싶다면 추천한다. https://yozm.wishket.com/

OKKY 윈도우 프로그램을 주로 작업하던 때는 개발하면서 모르는 내용을 데브피아Devpia라는 사이트에 질문했다. java 전성기를 달릴 때는 OkJSP라는 사이트가 바통을 넘겨받아 개발자의 Q&A를 나름대로 해결해줬다. OkJSP가 현재의 Okky로 변경되면서 java 뿐만 아니라 다른 모든 언어 및 기술에 질문을 지원하고 있다. 혹자는 스텍오버플로우 stackoverflow.com와 같은 외국 유명사이트가 있는데 Okky를 왜 사용하느냐고 하지만, 개발자들이 실무에서 가장 필요한 노하우를 소개하는 사이트라 활용도가 높다. 개발 업체와 기업에게 고용 및 창업을 할 수 있도록 자원을 제공하니 고마운 사이트다. 14만 명의 회원이 있으며, 기술 질의응답 건이 34만 건 이상 있으니 개발자라면 저도 모르게 접속하게 될 것이다. https://okky.kr/

개발자 중에서도 최신 정보를 특히 잘 찾는 사람들이 있다. 브라우저 즐겨찾기로 지식을 찾기만 하는 것이 아니고, 필요할 때 다시 보기 위해 메모를 한다. 개발자들은 메모도 노트에 연필로 단순하게 하지 않는다. 간단한 메모와 이전에 습득한 내용과 중복되는 것들은 '네이비 N메모'나 '에버노트'같은 간단한 메모 어플에 기록한다. 웹에서 문서처럼 정리하고 싶은 사람은 구글독스Google Docs나 MS오피스를 사용한다. 자기가 직접 위키Wiki를 만들어 내용을 정리하는 분도 개발자도 있다.

본인이 찾은 기사나 지식을 다른 사람과 공유하고 싶은 개발자는 블로그에 글을 스크랩한다. 공유한 글을 사람들이 많이 참조해 댓글을 추가하면, 단순한 지식공유로 끝나지 않는다. 이 블로그가 이직 시 중요한 포트폴리오가 되는 것이다. 더 나아가서는 부수입도 발생한다. 지난 프로젝트에서 만난 개발자 한 분이 블로그 운영 수익으로 갤럭시 워치를 구매하는 것을 봤다. 최근에는 개발 트렌드나 신기술 설명 및 교육을 동영상으로 만들어 유튜브를 운영하는 개발자도 많다.

2   개발
업그레이드

개발은 언뜻 보기에 혼자 하는 일인 것 같지만, 실상을 들여다보면 많은 사람의 협업과 도움이 필요하다. 그래서 때에 따라서는 혼자 개발을 잘하는 개발자보다 사회성을 갖추고 여러 사람과 원만하게 업무를 이끌어나가는 개발자가 더 주목받을 때도 있다. 나와 함께 오랜 시간 호흡을 맞추며 개발자로서의 역량을 업그레이드해 온 박철 개발자도 사회초년생 시절에는 이와 관련한 시행착오를 여러 번 겪었다고 한다.

2008년 2월

두 번째 면접도 질문 하나에서 합/불이 결정되었다는 생각이 든다. 면접관은 이렇게 물었다. "사수가 며칠째 과도하게 업무 지시를 한다면 어떻게 하겠느냐." 나는 밤을 새워서라도 공부하고 어떻게 해서든 업무를 처리하겠다고 답했다. 나와 같이 면접을 본 교육센터의 동기 형은 이렇게 답했다. "술 한 잔 사 달라고 하면서, 어떤 이유에서 이러시는지 물어볼 것 같습니다." 나는 탈락했고, 그 형은 합격했다.

지금 돌이켜 생각해 보면 나의 답변은 신입의 패기와 의지를 가감 없이 보여준 것이었다. 내 성격을 그대로 보여준 답변이 기도 했다. 열심히 최선을 다해서 일하겠다는 사람은 탈락하고, 술이나 마시겠다는 사람은 붙은 상황에 대해 나는 이해할 수 없었다. 그때부터 센터에서 내 별명은 '엄마'였다. 나랑 함께 면접을 보면 가만히 있어도 합격을 떠먹여 준다고 해서 붙여진 별명이다. 사람들과 함께 웃었지만, 마음 깊은 곳에서는 씁쓸함이 올라왔다. 그래도 같이 공부한 동료에게 좋은 일 했으니 그걸로 됐다고 생각하며 다음 면접을 준비했다.

이번에 본 세 번째 면접에는 혼자 들어갔다. 면접관들은 나에게 학교에서 배운 것이 무엇인지, 공부할 때 수업은 잘 따라갔는지, 팀 프로젝트에서의 역할은 무엇이었고 그것을 어떻게 진행했는지에 대해 질문했다. 이전의 경험을 통해 안정적으로 대답을 하고 있을 때, 면접을 본 연구소의 소장님이 다른 질문을 하셨다. "이번에 우리 회사에서 사용하던 제품을 웹 기반으로 전환하려고 해요. 그런데 이렇게 하는 게 처음이라서, 입사하게 되면 웹 개발 파트를 리드하면서 제품을 만들어야 하는데 가능할까요?"

나는 나의 성격을 그대로 반영해서 반사적으로 답했다. "네. 밤을 새우더라도 최선을 다해 만들겠습니다. 자신 있습니다!" 답을 뱉은 찰나에야, 회사에 웹 개발자가 없다는 것을 인식할 수 있었다. 지하실 문을 겨우 열고 나온 줄 알았는데, 고생문을 활짝 열고 들어간 것이다.

어느새 십수 년의 시간이 지나 어엿한 시니어가 된 박철 개발자는 자신이 운이 좋은 사람이라고 말한다. 내성적이고 올곧은 성격에는 변함이 없었지만, 이후 면접을 본 회사에서는 그런 면모를 높게 평가해 일할 기회를 주었기 때문이다. 하지만 그렇게 되기까지 수많은 자기 성찰과 성장을 위한 노력을 했다. 위 일기 서두에 나왔던 두 번째 면접을 생각해 보면, 면접관이 중요하게 생각하는 부분은 '개발 업무를 수행하면서 얼마나 사회성을 발휘할 수 있냐'는 것이었다. 그 의도를 생각해 낸 뒤에는 '면접관이 원한 내용은 프로젝트 팀원들과 협업하면서 얼마나 원만하게 프로젝트를 진행할 수 있느냐는 거였는데, 나는 계속 열심히 개발할 수 있다는 동문서답을 했구나.'라며 불합격 원인도 찾아낼 수 있었다고 한다.

그와 오랜 시간 함께한 내 눈에도 그의 내성적인 성향은 잘 보인다. 지금도 중요한 미팅이나 발표를 앞두면 꽤 긴장하는 편이니까 말이다. 하지만 그는 그렇지 않은 것처럼 보이기 위해 자신의 감정을 조절하는 방법 역시 잘 알고 있다. 어쩌면 사회생활을 하는 모두가 조금씩은 각자만의 연기를 하는 것 같다며 허심탄회한 이야기를 한 적도 있다. 사람은 누구나 기회를 얻는다. 그러나 그 기회를 놓치지 않기 위해서는 늘 자신을 점검하고 발전하려는 노력을 지속해나가야 할 것이다.

Q1
개발자가 기획 또는 영업까지
하는 경우가 있나요?

IT 회사에 들어오는 사람이라면 처음에는 대부분 개발자가 되기를 희망한다. 디자이너처럼 자기 영역이 확실한 업무를 제외하고는 말이다. 하지만 일을 하면서 적성이 개발보다 기획이나 영업에 더 잘 맞는다는 것을 알게 되는 사람도 있다.

나와 같이 대학에 다니던 동기 C는 남들보다 개발을 월등히 잘했다. 그런데 C가 참여하는 프로젝트마다 추가 프로젝트가 따라왔다. 영업능력도 뛰어나서 자기도 모르게 고객에게 회사에서 개발한 신제품을 고객에게 장점을 잘 홍보했다. 관심이 생긴 고객은 신제품을 주문했고 덕분에 신제품을 추가로 납품하게 되었다. 나중에는 본부장이 영업 미팅에 C를 데리고 다녔고, C는 결국 다른 좋은 회사에 영업직으로 연봉을 높여 이직했다. 지금도 영업자로 일하고 있고, 이직한 회사 대표에게 영업능력을 인정받아 더 많이 고객을 만나라고 영업을 위한 개인 차량도 제공 받았다.

기획도 마찬가지다. 모든 개발 프로젝트에 기획자가 들어가면 좋겠지만, 기획자의 급여가 높다 보니 작은 프로젝트에는 기획자가 들어가지 못하는 경우가 많다. 그럴 때 선임 개발자들이 기획을 겸하는데, 이때 자신의 재능을 발견해 기획자로 전향하는 사례가 있다. 기획자는 모든 팀원이 개발 화면 내용을 알 수 있도록 프레젠테이션 프로그램을 이용해 이미지와 텍스트로 표현해낸다. 창조적이고 독특한 생각을 많이 하며 다른 팀원들과 원만하게 지내는 사람이 많다. 이런 개발자가 기획자로 직무를 변경해 이동하면 부러운 마음과 동시에 좋은 동료를 잃은 것 같아 속상할 때도 있다.

영업은 제품 및 서비스의 홍보와 판매를 담당한다. 기업의 매출과 수익을 창출하는 중요한 역할이다. 영업자는 판매하고자 하는 제품과 서비스의 기능 및 장점을 잘 파악하여 사용자에게 효과적으로 설명해야 한다. 예를 들어, 카페 관리시스템을 판매한다면 해당 상품이 다른 시스템과 다른 점을 설명하고 장점을 부각하는 것이다. 또, 고객과 직접 계약을 체결하고 제품 및 서비스의 사용에 어려움이 있는 경우 적극적으로 지원하고 관리한다. 시스템을 구매하기도 한 고객에게 매뉴얼을 제공하고 사용법을 알려주는 것과 사용 중 발생하는 문제에 대해 서비스팀과 협의하여 대응하는 것도 영업자의 일이다.

기획자는 특정한 목적을 달성하기 위해 프로그램의 내용과 구성을 기획하고 실행하는 일을 맡는다. 프로그램의 목

적과 목표를 세우고, 사용할 대상과 이용 방법을 결정한
다. 카페 관리시스템이라면 매장관리에 초점이 맞춰져야
하는데, 욕심을 내서 관련 없는 식당이나 편의점 매장관리
도 기능하게 하면 시스템이 점점 이상해질 수도 있다. 주
사용자의 특성과 필요, 요구사항이 내용을 세세하게 조사
하고 분석하는 것도 기획자의 몫이다. 단골 고객관리를 위
해 쿠폰 사용 기능을 추가할 것인지, 비용 절감을 위해 무
인 주문으로 키오스크를 관리할 것인지 등을 기획해 사용
자가 원하는 사양을 갖춘다. 구성과 일정, 예산도 구체적
으로 기획해야 한다.

영업과 기획 분야는 모두 프로그램 개발자와 긴밀한 관계
를 맺는다. 개발자가 기획 또는 영업을 지원하는 경우 개
발자의 역량이 강화되기도 한다. 고객의 요구를 직접 파악
함으로써, 프로그램의 품질이 보다 직접적으로 개선되기
때문이다. 개발자가 영업까지 하는 일이 일반적이지는 않
지만, 역량에 따라 충분히 가능한 일이라고 할 수 있다. 특
히 스타트업은 창업자가 개발까지 하는 경우도 있다. 개발
과 동시에 기획과 영업을 수행하는 것이다. 물론 이런 경
우 개발 영역에 집중할 시간은 줄어든다. 그래서 '나는 개
발자인데 이런 일을 꼭 해야 할까?' 하는 고민이 들 수도
있지만, 연관된 다양한 업무를 경험하는 것도 나쁘지 않다
고 생각된다. 여러 영역에 직접 참여함으로써 경험을 쌓으
면 후에 좋은 기회로 돌아올 것이다.

Q2

설계 프로그램으로는
주로 어떤 툴을 사용하나요?

프로그램 설계란 무엇을 만들어야 할지 청사진과 같은 문서를 작성하는 일이다. 아무런 계획 없이 개발하는 것과 프로그램을 설계한 후 개발하는 것은 완전히 다르다. 예를 들어, 한 홈쇼핑 프로젝트에 100명의 개발자가 투입된다고 가정해 보자. 이 중 20명은 전자상거래를 할 수 있는 홈페이지를 만들고, 20명은 결제서비스를 만들고, 20명은 업체에서 물건을 등록하거나 재고 관리를 할 수 있는 사이트를 만든다. 20명은 배송관리와 고객센터 사이트를 만들고, 20명은 관리자가 매출 통계나 업체를 관리하는 사이트를 만든다.

이때 관리자는 개발자들에게 "여러분, 20명씩 나눴으니 알아서 만들어 주세요."라고 말하면 될까? 당연히 안될 것이다. 개발자는 프로그램 설계를 보고 본인이 사용할 DB 테이블을 확인한 뒤, 해당 기능에 대해 나와 있는 화면정의서를 참고해 개발하는 것이다. 물론 설계 없이 개발이 가능한 작은 프로그램도 있다. 보통 이런 프로그램은 1인이나 적은 인원이 개발하는 프로젝트다. 프로그램 설계는

Part 2 프로그램 만들기

설계 분석가가 한다. 가장 먼저 하는 일은, 어떤 내용을 만들 것인지에 대해 그림으로 표현하는 것이다. 개발할 내용의 논리적인 흐름과 방향성을 그림으로 그린다.

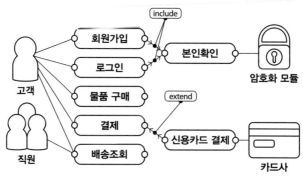

UML 설계 화면

실제 프로젝트에서 이런 그림을 그린다. 개발자들도 이 그림을 보며 업무의 흐름을 파악한다. 이것을 UMLUnified Modeling Language이라고 한다. 이상한 그림을 만드는 것 같지만 매우 중요한 작업이다. 만약 UML 분석가가 위 그림에 신용카드 결제 부분을 예측하지 못해서 시스템에 반영이 안됐다고 생각해 보자. 최종 프로그램에서 카드 결제를 하지 못하는 시스템이 완성된다. 그러면 프로그램 개발이 다 끝나고 나서 추가 개발이 더 필요해지고 추가 예산과 추가 기간이 발생한다. 그런 상황을 사전에 대비하고 철저하게 준비하는 것도 설계가의 몫이다. 경험상 프로젝트에서 단기간 내에 가장 높은 급여를 받는 직업이 IT 컨설팅과 UML 설계가였다.

정리해서 말하자면, UML은 소프트웨어 시스템의 설계, 구현을 위한 표준 모델링 언어이다. UML 도구는 UML 다이어그램을 생성, 편집 및 관리하는 데 사용된다. 대표적인 UML 도구로는 Visual Paradigm, StarUML, IBM Rational Software Modeler 등이 있다. 실제 분석가마다 자기가 사용하는 툴이 다르다. 요즘 웹에서 사용 가능한 Draw.io도 많이 사용한다. 간단한 로그인 후 사용할 수 있으니 관심 있으신 분 한번 확인해 봐도 좋을 것이다.

개발할 기능을 그림으로 그리고 나면 DBA들은 어떻게 데이터베이스 테이블을 만들지 설계한다. 아래와 같은 문서를 ERD^{Entity-Relationship Diagram}라고 하는데, ERD를 만들어 설계를 구체화한다. 이 단계에서는 항목도 중요하지만, 상품과 공급업체 사이에 연결된 라인이 특히 중요하다. 그림을 통해 네모 박스가 서로 관계가 있다는 것이 정의된다.

다시 말해 ERD는 데이터베이스 설계를 위한 표준 모델링 언어다. ERD 도구는 데이터베이스 테이블과 서로의 관계를 생성, 편집 및 관리하는 데 사용된다. 대표적인 ERD 도구로는 ERwin, Lucidchart, QuickDBD 등이 있다. 국내 DBA들은 대부분 ERwin을 사용한다. GitMind은 웹으로 무료 사용이 가능하다.

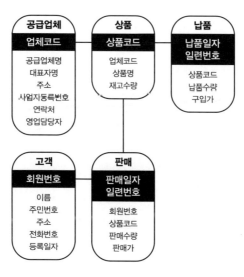

ERD 설계 화면

이렇게 UML와 ERD가 완성되었다. 그 후에는 화면정의
서를 만들어야 한다. 이때 사용하는 문서 작성 방법이 와
이어프레임이다. 선Wire만을 사용하여 빠르게 화면의 정의
하는 방법이다. 이 화면을 보면서 개발자는 어떤 기능을
만들어야 할지를, 디자이너는 어떻게 만들어야 사용자가
원하는 디자인이 나올지를 고민하게 된다.

이 책을 보는 독자들도 위의 화면을 보면 어떤 화면을 만
들지 대략적인 그림을 떠올릴 수 있을 것이다. 이렇듯 와
이어프레임은 사용자 인터페이스의 레이아웃과 디자인을
시각화하는 데 사용되는 도구이다. 와이어프레임 도구는
와이어프레임을 생성, 편집 및 관리하는 데 사용된다. 대

표적인 와이어프레임 도구로는 Figma, Adobe XD, Sketch 등이 있다. 요즘 웹 개발 시 무료로 사용할 수 있는 Figma가 매우 인기 있다.

프로그램 설계에 대해 간략히 설명했다. 현업에서 가장 많이 활용되는 내용만 축약해서 설명했지만, 신입 개발자에게도 쉬운 내용은 아니므로 이런 내용이 있다는 정도로만 알아두면 좋겠다. 이런 프로그램 외에도 이벤트 설계, 비즈니스 프로세스 설계 등 설계의 영역은 무궁무진하다. 프로그램을 설계하는 설계자들을 소프트웨어 아키텍처라고 한다. 개발자에서 아키텍처로 전향하는 사례도 아주 많다. 전문영역이다 보니 배워야 하는 내용과 툴이 많지만, 프로그램의 처음과 끝을 모두 그리며 설계할 수 있는 매력적인 일이다.

직접 데이터 분석도
할 줄 알아야 할까요?

데이터를 모르고 프로그램을 개발한다는 것은 사실 만들고 있는 시스템이 어떤 시스템인지 잘 모른다는 의미다. 보통 시스템 안에 있는 데이터를 활용한 결과로 프로그램을 이용하기 때문이다. 데이터와 시스템을 제대로 알기 위해서는 당연히 해당 데이터에 대한 분석이 필요하다. 빅데이터처럼 전문 분석가가 해야 하는 부분도 물론 있지만, 기본적으로는 개발자가 데이터를 수집하고, 수집한 데이터를 적재하고, 적재된 데이터를 분석한다. 그리고 데이터를 프로그램에서 사용할 수 있게 시각화하여 개발한다. 데이터 분석을 위한 개발은 크게 수집, 저장(적재), 분석, 시각화 등으로 구분할 수 있다. 예를 들어, 카페의 매출을 분석하는 시스템을 만든다고 가정해 보겠다.

데이터 수집 먼저, 카페 본사 데이터베이스의 매출 데이터를 음료별, 지역별, 날짜별 등 여러 가지 형태로 분류한다. 이것을 데이터 수집이라고 한다. 분류를 목적에 맞게 하는 것은 매우 중요한 일이다. 잘 정리해서 수집해야 실제로 활용할 수 있다.

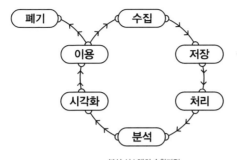

분석 시스템의 순환과정

데이터 저장 수집한 데이터 정보를 데이터베이스에 효율적으로 저장한다. 단순하게 생각하면 쉬운 일인 것 같지만, 이전에 참여했던 A마트의 사례를 떠올려보면 그 양이 매우 방대했다. 물건을 하나 판매하면 그 물건에 대한 데이터만 들어오는 것이 아니다. 할인쿠폰, 적립금사용, 1+1 가능 제품, 유통기한 등 다양한 옵션이 따라붙는다. 그 내용을 모두 0.5초 안에 데이터베이스에 적재해야 한다. 업데이트로 재고의 수량을 반영하고 적립과 쿠폰 등의 혜택도 관리해야 하니 해야 하니 할 일이 많다.

데이터 분석 저장한 데이터를 왜 분석하는지 목적이 분명해야 한다. 필요한 것을 선택해 집중할 때 좋은 결과가 나오는 것은 당연하다. 카페 관리시스템에서 우리가 원하는 바를 설정했다. 매장별로 매진이 많이 되는 음료를 분석해 매진이 발생하지 않고 물건을 판매할 수 있도록 하는 것이다. 개발자는 재료를 얼마나 추가로 공급해야 할지 예측하여 납품하는 모듈을 개발하는 것으로 목표를 세웠다. 각 매장의 매진 데이터로 평균 몇 시쯤 매진이 되는지와 영업 종료시간까지 얼마나 남았는지를 확인했다. 그리고 매진 후 남은 시간 당 2진 분량의 재료를 추가하는 모듈을 시스템에 추가했다.

시각화 분석해서 나온 데이터를 사용자가 확인할 수 있도록 프로그램을 개발하는 것이다. 사용자는 모바일이나 컴퓨터를 통해 화면을 볼 수 있다. 개발된 시스템은 카페 매장에 재료를 납품하기 전에, 일주일 동안 음료가 매진된 패턴을 분석한다. 그 후 물류센터에 어느 매장으로 얼마만큼의 재료를 추가공급 해야 하는지 알려준다. 예를 들어, 한 브랜드의 딸기바나나주스가 TV에 PPL로 나왔다고 가정해 보자. 그 후 해당 브랜드의 지점에서 딸기바나나 매진율이 높아졌다. 분석 시스템을 매진 데이터를 도출해, 주스에 들어가는 재료를 20% 추가하도록 했고, 추가 납품해야 한다는 내용을 시각화하여 물류센터 모니터에 송출했다. 그 화면을 본 물류센터는 추가로 재료를 납품했다. 시간이 흘러 여름이 지나가고 겨울이 오면, 딸기바나나주스 분석은 자동으로 폐기되고, 따뜻한 카페라테가 결과로 나올 것이다.

많은 사람이 이용하는 프렌차이즈 카페 S는 데이터 분석으로 많이 하기로 유명한 회사이다. 자기 회사의 매출 데이터뿐만 아니라 개인정보 법에 문제가 생기지 않는 범위 안에서 주변 상권까지 분석한다. 신용카드사와 협력하여 주변 상권의 매출 데이터를, 통신사와 협력하여 시간별 사용자 유동인구 데이터를 분석한다. 카페 S의 매장이 생기고 나면 주변 상권이 살아나는 것을 볼 수 있을 것이다. 카페가 들어와서 주변 상권이 살아나는 것이 아니고, 주변 상권이 살아날 것을 먼저 파악한 카페가 그곳에 매장을 만든 것이다. 반대로 카페 S가 갑자기 사라지면 곧 주변 상권 매출이 하락한다는 이야기도 있다.

프로그램 개발에서 가장 중요한 단계가 시스템 활용에 대한 설계와 데이터 분석이라고 해도 부족하지 않다. 데이터 분석은 이외에도 다양한 분야에서 활용할 수 있다. 특히 개발자가 데이터를 활용하고 분석할 수 있으면 업무의 효율과 생산성이 높아진다. 시장 동향을 파악하고 개발 목표를 세우는 데에도 도움을 준다. 전문적인 분석은 개발자에게 꼭 필요한 역량은 아니고 전문 데이터 분석가의 역량이다. 데이터 설계를 활용하여 시스템에 기술을 적용하는 것은 개발자의 역량이다. 기본적인 데이터 분석 역량을 가진 개발자가 되면 취업과 승진에도 도움이 되니 관심이 생긴다면 차근차근 역량을 쌓아보기를 바란다.

3 개발자
  디테일

중학교 시절 친구 B는 매주 화요일과 금요일 우리 집에 와서 같이 수학 과외를 했다. 과외는 5시에 시작이었지만 늘 3시부터 와서 라면을 끓여달라고 했다. 라면 국물에 밥까지 말아서 먹고 나면 컴퓨터 앞에 가서 같이 게임을 했다. 우리 집에는 최신형 286 XT 컴퓨터가 있었다. 지금 컴퓨터와는 많이 다르다. 흑백 모니터에 하드디스크도 없었지만 5.25인지 플로피 디스크가 2장이 들어갔으니 당시로써는 완전히 최신이었다. 우리는 'KOEI사 삼국지2' 게임을 같이 플레이하며 과외 선생님이 오실 때까지 숙제도 하지 않고 놀았다. 지금 그 게임의 그래픽과 스토리를 보면 너무 단순하다고 생각되지만, 그때는 정말 즐거운 시간이었다.

대학에 합격한 뒤에도 친구 B와 나는 변함 없이 모여서 게임을 했다. 컴퓨터가 286에서 486으로 달라지는 사이, 친구 Y가 합류했다. 이번에는 '퀘이크'라는 FPS 게임을 3명이 돌아가면서 했는데, 밤늦게까지 흥분해서 노는 바람에 옆집에서 몇 번이고 항의가 들어올 정도였다. 컴퓨터 게임을 할 때는 공부할 때에 비해 집중력이 몇 배나 높았다. 이

148

일을 하고 싶다는 생각에 나는 이미 다니고 있던 대학의
원예학과를 그만두었다. 그리고 다시 입시를 거쳐 컴퓨터
공학과에 입학했다. 하고 싶은 분야임에도 처음부터 공부
를 열심히 하지는 않았던 것 같다. 신나게 대학 생활을 즐
기다가 학사경고를 받고 군대에 다녀왔다.

제대를 하고 보니 '스타크래프트'라는 게임이 우리나라 전
체를 휩쓸고 있었다. 당시에는 처음 만나는 사람한테도 스
타크래프트 배틀넷에서 몇 승이나 했는지를 물어볼 정도
로 압도적인 분위기가 있었다. 임요환과 홍진호가 게임을
하는 날은 지금 EPL 한국 선수가 축구 경기를 할 때처럼
모두 한 자리에 모여서 지켜봤다. 나도 그 대열에 합류해
나머지 대학 생활을 즐기던 중, 학교 동기의 추천으로 컴
퓨터 동아리 'JAVA랩'에 들어가게 되었다. 워낙 컴퓨터에
친숙했던 나는 조금씩 컴퓨터로 프로그램을 코딩하기 시
작했고 점차 매력을 느꼈다. 졸업작품으로 JAVA를 이용한
채팅 프로그램을 만들 때는 친구들과 재미있게 게임하는
것처럼 무섭게 몰입했다.

동기와 원하는 기능을 개발하기 위해 같이 밤을 새우며 작
업을 해도, 교수님은 기가 막히게 에러를 찾아서 다시 만
들어올 것을 요구하셨다. 다시 밤을 새우고 아침에 결과를
보여 드리는 일상을 반복하며 4학년 1학기를 보냈고, 마지
막으로 합격점을 받은 졸업작품 결과물이 나오기까지 한

달쯤 걸렸다. 디아블로 게임 막판에서 왕을 잡을 때만큼 기분이 좋았다. 이 희열을 또 느끼고 싶은 마음에 아무 개발이나 마구잡이로 하기 시작했고, 본격적으로 개발자로서의 진로를 고민했다. 물론 당시 개발한 내용을 지금 보면 정말 쓸모없고 하찮은 내용이지만, 이런 과정은 개발자 누구에게나 있다는 생각이 든다.

개발자를 꿈꾸는 이들 중에 이미 이런 희열을 느꼈거나, 앞으로 경험하게 될 사람들에게는 그 마음을 잊지 말라고 말하고 싶다. 좋은 개발을 하는 여러 가지 방법과 디테일은 조금씩 배우면서 알아가면 된다. 하지만 '개발하는 일이 즐겁구나!'라는 걸 알게 되는 것은 처음의 마음이 아니고서는 경험하기가 쉽지 않다. 이 일을 업으로 삼기 이전에 즐겁게 누릴 수 있게 된다면 더할 나위 없을 것이다.

Q1
클라이언트와의 소통은
어떻게 이뤄지나요?

고객과 처음 만나 화면디자인 회의를 하는 날에는 늘 머리가 복잡하다. 고객이 너무 막연한 이야기를 하기 때문이다. "메인화면 디자인을 어떻게 하면 좋을까요?"라고 물으면 보통은 "사용하기 쉽게 예쁘게 만들어 주세요."라고 말한다. 개발자는 그런 말을 들으면 '이 고객은 무슨 이야기를 하는 거지?'라는 생각이 든다. 고객은 무엇이 잘못됐는지 모른다. 머릿속에 만들고 싶은 홈페이지의 메인화면을 정확하게 가지고 있는 고객은 거의 없다. 혹시 그런 천재적인 고객을 만난다면 그 프로젝트에서 도망가기를 바란다. 그 고객은 하고 싶은 것이 아주 많아서 프로젝트 일정이 칼같이 빡빡할 것이다.

나는 디자인 회의를 하기 전에 우리가 만들고자 하는 시스템과 유사한 시스템의 화면을 이미지로 저장해서 가지고 간다. 그리고 고객에게 보여주면서 말한다. "A사는 이 기능을 넣어 만들었고, B사는 이런 방식으로 화면을 보여주고 있습니다." 그러면 고객은 구체적으로 대답한다. "A사에 이런 기능이 마음에 들고, B사는 화면 구성이 좋아요.

우리 회사 컨셉은 이런 식이니까 방향을 이렇게 잡으면 좋겠네요." 소통을 위해서는 서로의 눈높이에 맞는 자료를 준비해야 한다는 것이다. 서로의 생각을 좁히면서 의견을 모으는 식으로 회의를 이끌어야 한다.

고객과의 소통은 프로젝트의 성공을 위해 매우 중요하다. 프로젝트의 초기 단계부터 고객의 요구사항을 정확하게 이해하고, 진행 과정에서도 계속해서 고객의 의견을 반영해 개발해야 한다. 일반적으로는 개발자가 고객과 직접 만나 요구사항을 확인하고 의견을 듣는 회의를 한다. 보통은 대면 회의를 하는 것이 좋지만, 결론은 나지 않고 회의만 길어지는 상황은 지양해야 한다. 모든 내용을 대면으로 회의할 수는 없다. 메일이나 문서도 소통하는 방법도 적절히 활용해야 한다.

비대면으로 소통할 때는 이메일, 문서, 슬라이드 프레젠테이션 등을 사용하여 고객의 요구를 확인한다. 코로나 팬데믹으로 재택근무를 할 때는 메일과 문서로만 프로젝트를 진행하기도 했다. 개인적으로 처음에는 '얼굴 보고 이야기해도 안 되는데, 이게 되겠어?'라고 생각했다. 그런데 생각보다 일이 순조롭게 진행되었다. 왜 그런지 고민해보니, 서로 생각나는 것을 바로 이야기할 때보다 논의할 내용을 정리할 때 더욱 전달이 잘 되는 것이다. 메일로 주고받은 의견은 기록이 남기 때문에 나중에 '나는 그런 소리 한 적

없어'라는 식의 말을 하지 않아도 되는 것이 가장 좋았다.

효과적으로 소통하기 위해서는 미리 고려해야 할 사항들이
있다. 먼저, 회의 자료는 사전에 미리 준비해야 한다. 어떤
회의인지 파악하지 못하고 만나면 그 자리에서 생각을 정
리해 전달하는 게 쉽지 않기 때문이다. 먼저 회의를 주제를
정하고 토의할 내용과 질문을 준비하면 보다 효율적으로 업
무를 진행할 수 있다. 또 논의할 내용과 목적이 무엇인지에
따라 대면 회의나 메일 등 소통 방식을 정하는 것이 좋다.

한편 대화의 난도를 조정하는 것도 중요하다. 고객 또는 클
라이언트의 이해 수준과 성향을 고려해 전문적인 이야기를
어느 정도로 할지 정하는 작업이 필요하다. 고객은 업무에
통용되는 언어로 개발자에게 이야기를 하고, 개발자는 코
딩할 때 사용하는 전문 용어를 사용한다면 서로의 말을 전
혀 이해하지 못해 순조롭게 대화할 수 없을 것이다.

회의를 거쳐 개발 내용과 방향성이 설정되었다면 그 내용
을 클라이언트가 이해하기 쉽게 회의록으로 작성해야 한
다. 개발자는 대체로 회의록을 작성하는 것을 어려워한다.
하지만 회의록 없이 지난 회의 내용을 완벽하게 기억할 수
있는 사람은 아무도 없다. 회의록을 작성해 공유하면 참석
자 모두 내용을 확인할 수 있고, 검토 과정에서 불필요한
오해를 줄일 수도 있다.

Q2
프로그램 개발
내역 관리는 어떻게 하나요?

프로그램을 개발하는 작업은 모든 부분에서 꼼꼼해야 한다. 그런데 특히 더 신경을 써야 한다면 사업관리와 형상관리 부분을 말할 수 있겠다. 사업관리자가 프로그램을 보는 것과 개발자가 프로그램을 보는 것에는 관점의 차이가 있다. 개발자는 프로그램 개발에 필요한 기능과 그것을 구현하기 위한 스킬 부분을 보지만, 사업관리자와 형상관리자는 프로그램이 아닌 프로젝트 전반을 확인해야 한다. 프로젝트의 계획 수립 및 실행, 재무 관리, 인력 관리, 프로그램 버전 관리, 문서관리, 소스 접근제어 관리, 보안 등의 내용은 프로그램을 개발하는 데 없어서는 안 되는 내용이다.

이 가운데 개발자가 특히 중요하게 생각해야 하는 부분은 프로그램 버전 관리이다. 여기서 말하는 버전이란, 단순히 시스템이 3.6버전에서 3.7버전으로 업그레이드할 때 나오는 버전과는 차이가 있다. 프로그램에 대한 전반적인 '개발 소스' 관리를 말한다. 여러 명이 같이 개발할 때 각자 자기 모듈에 집중해서 작업하다 보면, 서로 같은 부분을 중복해서 코딩하기도 하고, 소스를 합칠 때 서로의 파일이 충돌하기도 한다. 그래서 그것을 취합하는 과정에서는 모든 소스의 변경 사항을 기록하고 각자의 소스 내용을 파일별로 정리해 버전으로 관리하는 것이다.

예를 들어, 한 학교에서 해, 달, 별이라는 구성원 3명이 '스마트폰'을 주제로 발표자료를 만든다고 생각해 보자. 해는 스마트폰의 전반적인 내용을, 달은 안드로이드 휴대폰을, 별은 아이폰을 조사했다. 그런 뒤 각자 작업한 자료 파일을 공용 네트워크 폴더 웹하드에 '발표자료_1201_해.PPT' 와 같은 형식으로 저장해 취합하기로 했다. 여기서 파일명 '1201'은 저장한 날짜 12월 1일을 넣은 것이므로 다음날 12월 2일에 파일을 저장하면 '발표자료_1202_해.PPT'로 파일명을 설정해야 한다. 뒤에 '해'는 작업자의 이름이다. 이렇게 날짜와 이름으로 작업 구분을 하지 않고 작업하면 서로가 한 파일에 각자 저장하기 때문에 중복 오류가 발생한다.

서로 조사한 발표내용을 살펴 보았다. 해는 스마트폰에 대한 내용에 더해 애플의 스티브 잡스가 아이폰을 개발한 전체적인 맥락을 추가했다. 별도 아이폰에 대한 스티브 잡스의 일대기를 썼다. 이 경우 같은 내용이 발표자료에 중복된다. 해와 달은 서로의 내용이 중복됨을 확인하고 협의했다. 해는 스티브 잡스가 스마트폰의 발전에 미친 영향에 대해서만 다루기로 범위를 한정했고, 별은 스티브 잡스보다는 애플 회사에 대해 집중하기로 했다. 협의 후에는 이전에 저장한 문서파일에서 각자 필요한 부분만 남기고, 상대에게 넘긴 부분은 삭제할 수 있다. 서로 문서파일을 공유하여 중복되는 내용을 관리할 수 있었다.

프로그램 개발도 같은 원리이다. 한 번만 추가되면 되는 소스가 불필요하게 두 번 이상 중복되는 경우, 버전 관리 솔루션을 이용해 필요한 부분만 남긴다. 이 솔루션에는 언제, 누가, 어떤 내용의 소스를 수정했는지에 대한 모든 이력을 관리하고 있어서 문제 발생 시 원상복구도 가능하다. 함께 자료를 준비한 달이 12월 3일, 키보드를 잘못 눌러 자기 컴퓨터의 '발표자료_1203_달.PPT' 파일을 완전히 삭제했다고 가정해 보자. 전일 '발표자료_1202_달.PPT'를 저장했기 때문에 오늘 변동된 내용만 수정하면 빠르게 복구할 수 있다. 그뿐 아니라 삭제된 파일도 이력을 저장하는 서버에 저장되어 있어 윈도우 휴지통처럼 다시 복구할 수 있다. 이렇게 각자 작업이 끝나면 발표자료 파일 병합 작업을 한다. '발표자료_1203_해달별.PPT'으로 자기 페이지를 삽입하고 서로 내용을 검토하고 발표자료를 마감했다. 프로그램 개발을 할때는 이런 문서 병합처럼 소스 병합이라고 한다. 개발자는 퇴근 때 습관적으로 형상관리 소스 서버에 병합한다.

소스 관리 프로그램은 소프트웨어 개발 과정에서 소스 코드를 관리하고, 여러 개발자가 효율적으로 협업할 수 있도록 돕는 버전 관리 시스템이다. 실제 소스관리 뿐만 아니라 문서 같은 파일관리도 가능하다. 유명한 형상관리 소스 서버 관리 프로그램은 알아보면 다음과 같다.

SVN 2000년대 초반 개발되어 오랫동안 사랑받고 있는 소스관리 프로그램으로, 소스 및 파일관리를 중앙 서버에 모든 버전 정보를 저장하는 중앙 집중식 시스템이다. 개발자들은 중앙 서버에 연결하여 작업하고, 변경 사항을 저장한다.

Git 각 개발자가 컴퓨터에 전체 저장소를 복제하여 작업하는 분산식 시스템으로 속도 및 성능이 뛰어나다. 중앙 서버는 백업 및 공유를 위한 역할을 한다. Git는 리누스 토르발스가 개발한 것으로 이미 대중에 알려져 있다. 프로그램 개발 분야에서는 일론 머스크와 같은 사람인데, 1991년에 운영 체제 리눅스를 만든 뒤 2005년 Git를 개발했다. 개발한 내용은 상업성을 포기하고 오픈소스로 공개하여 누구나 사용할 수 있도록 했다.

Git은 그 뛰어난 성능, 속도와 유연성 덕분에 최근 버전 관리 시스템 시장을 주도하고 있다. 최근 프로젝트를 시작한다면 Git이 선택되고 있고 기존 시스템도 Git으로 전환하는 경우가 많다. 하지만, 프로젝트의 상황과 개발 환경에 따라 SVN이 더 적합한 경우도 있을 수 있다. 프로젝트 초기에 충분히 비교하고, 개발팀과 상의하여 최적의 버전 관리 시스템을 선택해야 한다.

Q3
개발 프로그램에 대한
정보보안은 어떻게 이루어지나요?

최근 개발할 때 꼼꼼히 확인해야 하는 부분이 있다. 바로 정보보안이다. 어떤 홈페이지의 고객 정보나 어느 기업의 중요한 기술정보가 다른 기업으로 유출되었다는 기사는 이미 단골 뉴스가 되었다. 그만큼 영향력이 심각하기 때문이다. 일단 정보유출이 되면 개인은 신분도용이나 개인 정보 악용 등으로 인한 정신적·금전적 피해를 입을 수 있다. 회사는 법적 책임을 져야 하고 더불어 이미지도 심각하게 실추된다. 그래서 대부분 기업에는 정보보안팀이 별도의 조직으로 구성되어 있다. 정보보안 문제가 발생하지 않도록 체계적으로 관리하는 부분인 만큼, 개발자들도 프로그램을 개발할 때 소스와 문서를 아주 철저하게 관리한다.

S사 프로젝트를 진행했다. 고객 정보와 같이 민감한 데이터 작업이 필요한 프로젝트는 전용 건물에서 진행해 다른 프로젝트보다 보안관리를 철저히 했다. 건물에 들어서면 제일 먼저 축구선수 대기실과 같은 락커룸이 보인다. 지정받은 락커에 휴대폰을 제외한 내 모든 짐을 넣고 나온다. 그 후에는 공항검색대와 비슷한 보안검색대를 통과해야

하는데 휴대폰 외에 어떤 물품 반입도 불가능하다. 보안요원은 보안검색대 앞에서 휴대폰 카메라 렌즈에 사진을 찍지 못하게 보안 스티커를 붙여주고 사무실에서 나올 때 보안요원이 스티커 훼손 여부를 확인한다. 컴퓨터도 내가 가지고 들어갈 수 없고 보안프로그램이 설치된 제공된 PC에서 프로그램 개발 작업해야 한다. 이외에도 보안교육 이수해야 하고 중요 데이터 접근 시 이력을 게시판에 남겨야 한다.

IT 기술이 고도화되면서 정보보안 위협은 더욱 복잡하고 심각해지고 있다. 해킹이나 DDoS와 같은 위협을 막기 위해 프로젝트 개발에서도 여러 가지 노력을 하고 있다. DDoS 공격이란 다수의 접속자를 만들어 네트워크 서비스를 느리게 하거나 중단시키는 모든 사이버 공격을 포함하는 광범위한 범주인 서비스 거부 공격이다. 신규 웹사이트를 개발하면 정보보안 팀에서 모의해킹을 실시하여 해커가 시스템에 침투할 수 있는지 체크하고 시스템 네트워크 연결 시 네트워스 방화벽Firewall을 사용하여 허용된 네트워크 접속 규칙만 허용한다. 네트워크 방화벽이란 네트워크 간 데이터 전송을 제한하거나 허용하는 하드웨어 또는 소프트웨어를 말한다. 인증받지 않은 접속의 보안 네트워크에 접근하는 것을 차단하는 정책을 적용해 사이버 공격을 방지한다.

DDoS공격에 대비한 별도의 DDoS 방어 장비도 도입한다. 정보보안 인력에 대한 수요도 덩달아 급증했다. 정보보안 인력은 회사의 시스템 및 네트워크, 모바일 보안을 담당한다. 사이버 공격이나 위협에 대한 분석과 대응 방안도 같이 마련한다. 전문용어로 CISACertified Information System Auditor라는 이름을 가지고 있는데, '국제 공인 정보 시스템 감사사'라고 부른다. 실제로 개발자들이 정보보안에 대한 지식수준이 높으면 필드에서 좋은 평가를 받는다. 그런 상황을 고려해 직접 CISA 자격증을 취득하는 개발자들도 많이 있다.

개발자와
밀접한 직업들

그래픽 디자이너

그래픽 디자이너는 소프트웨어 제품에 사용되는 그래픽 이미지를 만든다. 그들은 프로그래머, UX 디자이너와 협력하여 사용자 인터페이스를 디자인하고 제품의 시각적 요소를 디자인한다.

네트워크 관리자

네트워크 관리자는 컴퓨터 네트워크를 설계, 구축 및 관리한다. 네트워크 관련 각종 하드웨어 및 소프트웨어 통신망을 운영하고 관리하며 네트워크 시스템 설계 및 설치 네트워크에 대한 액세스를 제공하고 네트워크 보안을 유지한다.

데이터베이스 관리자 DBA

데이터베이스 관리자는 데이터베이스에 데이터가 올바르게 저장되고 검색될 수 있도록 하는 책임자이다. 데이터베이스 시스템을 설계, 구축 및 관리하고 운영 중인 데이터베이스를 유지 · 보수한다. 데이터베이스 운영 시 모니터링, 장애 대응, 장애 예방, 데이터 백업, 데이터복구도 담당한다.

보안 관리자

보안 관리자는 시스템의 보안을 담당한다. 조직의 컴퓨터 시스템, 네트워크 및 데이터를 무단 침입, 악용 및 도난으로부터 보호하고 책임진다.

비즈니스 분석가

비즈니스 분석가는 업무를 시스템에 적용할 때의 문제를 찾아 해결책을 추천한다. 프로그래머와 협력하여 해당 업무의 요구사항을 이해하고 이를 충족시키는 소프트웨어 솔루션을 설계한다.

시스템 분석가

시스템 분석가는 비즈니스 요구사항을 평가하고 이를 충족시키는 컴퓨터 시스템을 설계한다. 그들은 프로그래머와 협력하여 시스템 요구사항을 정의하고 시스템 설계를 문서화 한다.

시스템 설계자 SA: System Architecture

시스템 설계자는 시스템 아키텍처를 설계하고 시스템 구성 요소를 지정하는 책임이 있다. 시스템 개발에 사용할 개발 프레임워크와 시스템 인터페이스 방식 등 결정하고 프로그래머와 협력하여 시스템이 효율적이고 확장 가능하며 안전하도록 설계되었는지 확인한다.

영업

영업 담당자는 하드웨어, 소프트웨어, 네트워킹 및 관련 서비스를 판매한다. 고객 요구사항 분석 및 제품 제안, 계약 체결 및 협상, 개발자와 제품 기능 및 가격 협의를 담당한다.

웹퍼블리셔 Web Publisher

Web 페이지 제작 시, 디자이너의 웹 디자인을 웹 표준성과 접근성에 부합하도록 재정리하여 최종 디자인을 토대로 HTML, CSS, Javascript로 코딩하는 작업을 '웹 퍼블리싱'이라고 하며 이런 작업을 하는 사람이다.

프로젝트 관리자 PM : Project Manager

프로젝트 관리자는 프로젝트의 계획, 실행 및 모니터링을 담당한다. 프로젝트가 예산과 일정에 맞게 진행되는지 확인하기 위해 프로그래머 및 기타 팀원과 협력한다.

프로젝트 리더 PL : Project Leader

PL은 주로 PM을 도와 팀을 리드하며, 설계와 구현 단계의
실무적인 부분을 책임지는 업무를 수행한다.

테스트 엔지니어 또는 테스터

테스트 엔지니어는 소프트웨어가 요구사항에 따라 작동하
는지 확인하기 위해 테스트 시나리오를 설계하고 단위 테
스트 및 시스템 통합 테스트를 실행한다. 프로그램 개발 시
발생할 수 있는 버그를 식별하고 해결한다.

디자이너 User Experience

UX 디자이너는 사용자 친화적인 소프트웨어 제품을 디자
인한다. UX는 사용자가 제품, 서비스, 시스템 등을 사용하
면서 느끼는 전반적인 경험을 말한다. 사용자가 손쉽게 사
용할 수 있는 인터페이스를 설계하고 사용자가 경험적으
로 프로그램을 편하게 사용하기 위한 솔루션을 제시한다.

I am a programmer

개발자의
실제

기획자   문서 확인 안 하셨어요? 그거 기획서 31페이지 보세
요. 기능 추가되어 있어요.

개발자   분명히 그런 기능 없었는데? 메일로 주신 기획서에
그런 내용 없었습니다.

기획자   지난달 기획서를 보고 계시면 어떻게 합니까? 그거
수정된 지 언제인데.

개발자   아니 그럼 메일로 변경 사항이 있다고 알려줘야지. 그
리고 정해진 내용을 상의도 없이 이렇게 맘대로 변경
하면 어떻게 합니까?

기획자   제가 어떻게 문서에 내용 추가하고 수정할 때마다 모
든 내용을 다 알려드려요? 오늘도 프로그램 기획 수
정했고, 이번 달에 내용 확정 다 안 된 거 아시잖아요?

프로젝트가 시작되면 이런 내용으로 일 년에 한 번은 기
획자와 서로 언성을 높이게 된다. 매번 느끼지만 기획자와
개발자는 자석의 N극과 S극처럼 서로 상극인 것 같다. 개
발자 입장에서는 기획자가 왜 마무리할 생각은 안 하고 계
속 추가로 일을 만드는 건지 모르겠다. 겨우 집 청소를 다

했는데 기획자가 갑자기 찾아와서 어지럽히는 기분이다. 그냥 '당신이 어지럽힌 것이니 당신이 치워'라고 말하고 나가 버리고 싶다.

물론 기획자만 개발자를 괴롭히는 것은 아니다. 열심히 개발하고 있는데 옆에 와서 글꼴이 잘못됐다며 나눔고딕을 써야 하는데 왜 견고딕을 썼냐고 따지는 디자이너, 갑자기 다음 주에 고객에게 시연한다고 3주 뒤에 끝내기로 한 기능을 다음 주까지 끝내 달라고 하는 PL, 데이터베이스에 접근해야 하는데 회사 정책상 보안 문제로 접근할 수 없다고 하는 네트워크 담당자, 개발하기도 바쁜데 상세설계서까지 만들어 달라고 하는 사업관리자… 모두 개발자들이 편하게 집중해서 개발하는 것을 정말 싫어하는 것 같다. 하지만 아무리 어려운 프로젝트라도 시간이 지나면 끝난다.

사실 프로젝트 팀원들과 티격태격하지 않는 특별한 방법은 없다. 경험상 솔직히 말하자면 운이 좋아야 한다. 아무리 쉬운 기능을 개발하는 프로젝트여도 심술이 스머프 같은 기획자나 극성스러운 디자이너를 만나면 힘들 수밖에 없다. 물론 그들도 제 할 일을 잘하는 좋은 개발자를 만나는 것을 간절히 바랄 것이다. 그래도 위안 삼을 수 있는 건, 사람이 망각이라는 좋은 선물을 받았다는 것이다. 이전 프로젝트에서 '이제 다시는 저 사람과 일하지 않겠다'라고 생각했더라도, 몇 년 뒤에 다른 프로젝트에서 만나면 이상하게 반갑기도 하다. 지난번에 같이 일하면서 상대의 스타일을 알게 되어서 그런지 다시 만난 프로젝트에서는 그렇게 큰 힘이 들지 않기도 하고, 오히려 다시 만난 것을 계기로 또 다른 프로젝트를 구상하기도 한다.

모든 사람은 같이 일하는 사람으로 인해 힘들 것이다. 개발자들은 하늘같이 높아 보이는 연구소장님, 잔소리 많은 꼰대 선배 개발자, 깍쟁이 같은 디자인 실장님을 만나며 하루하루 힘든 시간을 보낼 수도 있다. 하지만 걱정하지 않아도 된다. 지금은 마주치기도 싫은 사람이 몇 년 뒤에는 내가 하는 개발 프로젝트에 없어서는 안 될 소중한 사람이 되어있을 것이다.

Q1
주로 쓰는 개발 툴은
어떻게 되나요?

내가 처음 개발을 시작했을 당시만 해도 자주 사용하는 개발 언어와 툴이 정해져 있었다. 프로그램 개발 언어는 무조건 C++, JAVA, JavaScript이고, 개발 툴은 Visual Studio, Eclipse라고 얘기했다. 하지만 지금은 개발자들이 각자 자기의 필요에 맞게 사용하기 때문에 어떤 것이 정답이라고 말할 수 없다. 특히 개발 툴은 Visual Studio Code, IntelliJ IDEA, Eclipse, WebStorm, Sublime Text 등등 활용할 수 있는 것이 너무 많다.

현재 같은 팀에서 일하는 개발자 한 분은 Visual Studio Code, Eclipse, WebStorm 3가지를 동시에 활용하며 작업을 하고 있다. 이렇게 개발할 때 프로그래머가 소프트웨어 코드를 효율적으로 개발하도록 돕는 소프트웨어를 IDE^{Inte-grated Development Evironment}라고 한다. IDE는 통합 개발 환경으로써 쉽게 말해 개발자가 개발 도구로 사용하는 모든 프로그램이다. 개발자는 개발할 때 소프트웨어 편집, 빌드, 테스트, 패키징과 같은 기능을 사용하기 쉬운 하나의 애플리케이션에 통합함으로써 생산성을 높인다. 문서를 만들 때

HWP 한글, 워드 같은 텍스트 편집기를 사용하고, 회계사들이 엑셀을 사용하는 것처럼 개발자는 개발할 때 IDE를 사용해 작업을 쉽게 처리한다. IDE를 특징 위주로 설명하면 다음과 같다.

Android Studio 안드로이드 앱 개발을 위한 공식 IDE이다. 옛날에는 Ecplise를 사용하기도 했지만, 이제는 안드로이드 스튜디오를 전용으로 사용하고 있다.

CodePen 텍스트 에디터. IDE를 설치하지 않고 웹에서 바로 실습할 수 있는 온라인 IDE이다. 간단한 코딩 및 교육용으로 매우 유용하다.

Ecplise 전문 개발자는 각자 좋아하는 툴을 사용하지만, 신입 개발자들은 아직 이런 환경에 익숙하지 않기 때문에 기본적인 툴을 먼저 활용해야 한다. 신입 개발자에게 입문용으로 추천하고 싶은 툴은 Eclipse이다. 오래된 만큼 사람들이 많이 사용하고 있어서 모르는 부분이 생겨도 인터넷 검색을 통해 도움을 받을 수 있다. 웹사이트에 Eclipse를 검색하면 버전별로 사용법을 설명하는 레퍼런스가 많고 유튜브에도 Eclipse를 사용하여 개발하는 많은 강좌가 있다. 무료이고, 잘 사용할 줄 알게 되면 다른 툴도 빠른 시간 내에 익힐 수 있다. 자바를 위한 무료 IDE로는 이클립스를 많이 사용한다. 현재 가장 많은 개발자가 사용하고 있다.

유료 소프트웨어로는 **IntelliJ**를 이용해 자바 개발에 사용하기도 한다.

VS Code MS사에서 만든 테스트 에디디로, 어러 언어를 사용하기에 무난하다. IDE는 코딩, 디버그, 컴파일, 배포가 가능해야 하는데 플러그인 설치를 통한 IDE와 같이 사용할 수 있다. 엄밀히 따지면 VS Code 자체는 IDE가 아니고 코딩을 위한 편집기이지만 플러그인을 설치해 많은 개발자가 사용하고 있다.

Visual Studio MS사 개발 도구로 만든 한때 최고의 IDE였다. 지금은 C 언어를 위한 개발 툴로 사용되고 있다.

XCode 맥이나 아이폰을 프로그램 개발을 위한 IOS용 앱 개발을 위해 Apple사에서 만든 IDE이다. 윈도우 PC에서는 XCode는 사용할 수 없고 Mac PC에서 사용할 수 있다.

Q2
자주 사용하는
개발 언어는 무엇인가요?

앞에서 말한 것과 같이 개발 언어의 종류도 매우 다양하다. 개발자가 만들고 싶은 프로그램에 따라 언어도 달라진다. 몇 가지 많이 사용하는 개발 언어를 설명하면 아래와 같다.

C# Microsoft에서 개발한 언어다. NET Framework, NET Core와 같은 프레임워크와 함께 윈도우 프로그램 개발에 사용된다.

Flutter, React Native 안드로이드와 아이폰 개발을 한 번에 개발하기 위한 멀티 플랫폼 프레임워크로, 같은 코딩으로 Android와 iOS용 앱을 개발할 수 있다. React Native는 JavaScript로 개발되며, Flutter는 Dart로 개발한다.

Java 가장 인기 있는 백엔드 개발 언어다. 개발한 소스는 특별한 수정 없이 Window 장비나 애플의 Mac, 오픈소스 진영의 리눅스 등 다양한 OS에서 사용할 수 있다. 많은 사람이 사용하는 언어이다 보니 인터넷이나 책을 통해 다양한 샘플 소스를 구하기 쉽다.

JavaScript 가장 많이 상용되는 프론트엔드 개발 언어다. 비슷한 용어인 JAVA와는 아무 상관이 없다. 대부분 프론트엔드에서도 많이 사용되지만, Node.js와 같은 런타임 환경을 이용하여 백엔드 개발에도 사용될 수 있다.

Kotlin 모바일 안드로이드 개발에 주로 사용되고 Java와 유사하지만, 더 간결한 문법과 다양한 기능을 추가되었다. Java와 서로 상호 운용이 100% 지원한다.

Python 최근 인기가 급상승한 백엔드 개발 언어다. 진입장벽이 낮아 배우기 쉽고 빠르게 개발할 수 있다.

Objective-C, Swift 모바일 아이폰 및 iOS 애플리케이션을 개발할 때 사용하는 언어로 Objective-C와 Swift가 있다. Objective-C는 iOS 개발의 초기부터 사용되었던 언어이며, Swift는 2014년에 발표된 새로운 언어로 Objective-C보다 간결한 문법을 사용한다.

신입 개발자에게는 Python보다 Java를 추천한다. Python은 사용하기 쉬워 개발에 처음 입문해서 흥미를 붙이기 좋아 요즘 교육용으로 사용하고 있고 앞으로도 많이 사용될 언어다. 하지만 Java를 배우면 프론트엔드, 백엔드, 모바일 등 어떤 플랫폼을 개발하더라도 어렵지 않게 적응할 수 있다. 다른 언어를 활용하는 데에도 조금 더 수월해지므로 조금 어렵더라도 Java를 기준으로 연습해보기를 추천한다.

개발 툴과 언어를 사용할 수 있다고 프로그램이 저절로 개발되는 것은 아니다. MySQL, PostgreSQL, Oracle, MongoDB 등과 같은 데이터베이스에 사용하기 위해서는 SQL을 알아야 한다. Spring Boot, Django, Rails, Express, Laravel, ASP.NET Core 개발 프레임워크와 웹 디자인을 위한 HTML, CSS도 있다. IT는 기술 발전 속도가 너무 빨라서 배워야 할 개발 툴과 언어가 계속 생긴다. 그러다 보니 어떤 개발자도 위에서 언급한 개발 언어와 툴을 모두 알지 못한다. 각자 주로 사용하는 툴과 언어만 잘 활용해도 충분히 개발할 수 있다. 우선 한 가지의 언어와 툴을 학습해보기를 바란다. 다른 언어와 툴을 학습하는 것은 그 이후의 새로운 선택지다.

개발의 종류는
어떻게 분류할 수 있을까요?

보통 기업에서는 개발자를 구인할 때 '게임 개발을 해본 중급 경력의 C 개발자', '빅데이터 개발 가능한 JAVA 개발자'와 같은 문구를 명시한다. 개발할 대상과 언어를 명확히 하는 것이다. 이렇게 프로그램 개발을 분류하는 방법에도 여러 가지가 있다. 크게 개발 언어에 따른 분류, 프레임워크에 따른 분류, 개발 대상에 따른 분류로 나뉜다.

개발 언어에 따른 분류

Java, Python, JavaScript, C++, C# 등

개발 프레임워크에 따른 분류

Spring, Django, Laravel, Angular, React 등

개발 대상에 따른 분류

웹, 모바일, 데스크톱, 게임 등

그중 '개발 대상'에 대한 분류를 자세하게 소개하겠다. 개발 대상은 웹 개발, 모바일 개발, PC 데스크톱 개발, 게임 개발, 임베디드 개발, 시스템솔루션 개발, 빅데이터 개발, AI 개발, 정보보안 개발 등으로 분류할 수 있다.

웹 개발 웹페이지와 웹 애플리케이션을 개발하는 분야이다. 웹 개발은 데이터베이스에서 필요한 데이터를 검색해 웹페이지의 화면과 동작에 관련된 기능을 구현한다. 가장 많은 개발자 수요가 있는 부분이다. 웹 개발 내에 있는 프론트엔드와 백엔드의 개념은 매우 중요하니 다른 장에서 자세히 다루어 보겠다.

모바일 개발 모바일 앱은 스마트폰, 태블릿 PC와 같은 모바일 기기에서 실행되는 소프트웨어이다. 세부적으로 아이폰의 iOS, 안드로이드의 Android와 같은 모바일 운영 체제로 개발 기준으로 나눌 수 있다. 최근 두 가지를 한 번에 개발할 수 있는 하이드리드 앱 플랫폼도 인기가 있다.

PC 데스크톱 집에서 사용하는 PC 데스크톱이나 맥북이나 노트북에서 사용하는 프로그램을 개발하는 분야이다. 쉽게 말해 '일반 컴퓨터에서 실행되는 소프트웨어'라고 생각할 수 있다. 데스크톱 개발도 모바일 개발과 같이 Windows, macOS와 같은 운영 체제로 개발 기준을 나눌 수 있다.

게임 개발 말 그대로 게임을 개발하는 분야이다. 게임 개발을 프로그램 개발의 종합 예술이라고 한다. 그래픽, 사운드, 인공지능과 같은 다양한 기술을 활용하기 때문이다. 게임 개발자는 게임 엔진에 대한 이해가 있어야 하는데, 게임 엔진이란 게임 개발자가 게임을 쉽게 개발할 수 있도록 만든 소프트웨어를 말한다. 2D 또는 3D 랜더러 기능, 그래픽, 사운드, AI, 네트워킹, 스트리밍을 실행할 수 있도록 설계되어 있다. 프로그램 개발자 중에는 게임을 하면서 컴퓨터와 친해진 사람이 많다. 나 역시 컴퓨터 게임이 좋아서 대학 전공을 프로그램으로 정했다.

임베디드 개발 임베디드 시스템은 자동차, 가전제품, 공장 기계와 같은 기기에 탑재된 소프트웨어이다. 단어는 생소하지만, 우리 생활에 밀접하게 사용된다. 냉장고 온도를 일정하게 조절되도록 하거나 광센서를 사용하여 특정 밝기에서 도로의 가로등을 등이 들어오도록 한다. 이런 임베디드 개발은 하드웨어의 제약을 고려해 개발하기 때문에 비교적 난도가 높다.

시스템솔루션 개발 운영 체제, 데이터베이스와 같은 시스템 소프트웨어를 개발하는 분야이다. 한국보다는 해외 업체에서 개발하는 경우가 많다. 시스템솔루션 개발은 컴퓨터의 모든 기능을 제어할 수 있을 만큼 매우 섬세하고 깊이 있는 작업이 필요하다. 무엇보다 안정성과 성능을 최우선으로 고려해 개발해야 한다.

빅데이터 개발 빅데이터 개발 또는 데이터 사이언스 개발은 데이터를 분석하고 시각화하는 소프트웨어를 개발한다. 데이터의 양이 적게는 수억 건, 많게는 수천억 건 입수되는데,

하루에 처리하는 빅데이터인 만큼 머신러닝, 딥 러닝과 같은 최신 데이터 마이닝 기술을 활용한다.

AI 개발 인공지능을 구현하는 소프트웨어를 개발한다. 인공지능은 사람처럼 학습하고 추론할 수 있는 지능을 가진 시스템을 만드는 기술이다. 챗봇을 이용하여 고객의 질문을 답변하거나 알파고를 이용해서 바둑을 두는 것과 같은 작업을 말한다. 머신러닝 및 딥 러닝과 같은 AI의 하위 분야를 지칭하면서 AI라는 용어를 사용할 때도 있다.

정보보안 개발 소프트웨어의 보안을 강화하는 소프트웨어를 개발한다. 백신으로 해커와 같은 사람들이 침입할 수 없도록 하고 보안 취약점을 분석 보안 기능을 추가한다. 소프트웨어의 안전성을 향상하는 분야이다.

이 역시 더 세분화할 수 있겠지만 우선 주로 활용되는 분야를 정리해 보았다. 개발자가 되면 적어도 이 분야 중 한두 가지는 전문가가 되어야 한다. 개발 언어를 익히는 것도 중요하지만, 특정 분야에 전문성을 얻는 것 역시 개발자에게 매우 중요하다. 개발할 때 단순히 기능한 보지 말고, 전체적인 분야의 흐름을 같이 익혀보자.

차별화되는 업무 역량으로는
어떤 게 있을까요?

신입 개발자 시절 OCP, OCA 자격증 시험에 붐이 일었다. OCP, OCA 자격증은 Oracle사에서 자체적으로 주는 자격증이다. 전문기술을 인정해주는 국가 자격이 아님에도 라이선스 취득이 쉽지 않고 취득과정도 복잡한 데다 비용도 생각보다 부담스러웠다. 하지만 주변에서 모두 공부하니 혼자서만 안 할 수는 없는 분위기였다. 나는 공부를 포기했지만, 나와 친한 동료 Y는 일 년간 열심히 노력해서 그 자격증을 취득했다. 얼마 후 회사에서 정부 프로젝트를 진행하게 됐는데, 해당 프로젝트가 OCA 자격증을 가진 사람이 세 명 참여해야 한다는 공고가 나왔다. 그때 참여자격이 주어진 A는 프로젝트에 참여했고, 이후 다른 개발자 한 분과 같이 데이터베이스 회사로 스카우트 되어 갔다. 준비한 자만이 기회를 얻을 수 있다는 진리를 확실히 깨닫는 경험이었다.

나는 고등학교 졸업 때도 바로 대학에 진학하지 못했다. 재수하면서 입시 종합 학원에 다녔는데 친하게 지낸 사람 중에 JK라는 멋진 친구가 있었다. JK는 대학 때 영어 공부를 열심히 했다. 우리 때부터 영어 토익과 회화 공부가 유행하기 시작했는데, JK는 취업을 하고 나서도 영어회화를 놓지 않았다. 그는 나중에 해외 의료장비 글로벌회사에 취업해 미국에서 생활의 터를 잡았다. 몇 년 전, 한 친구가 JK과 같은 과를 졸업했다고 하기에 이야기했더니 모두 그를 알고 있었다. "저희과 출신 중에 교수나 회사 대표들도 많지만, 그 선배님은 해외 취업 쪽에서 저희과 전설입니다." 친구에게 연락해 이야기를 전했다. "너 학교 후배들에게 너는 'I Am Legend'라더라." JK는 자기 버릇 남 못 주고 미국회사에 취업한 뒤에도 스페인어를 공부해서 잘 활용하고 있다며 자랑했다.

동료 Y와 JK는 열심히 무언가를 했다. 한 명은 자격증과 같이 업무 역량과 연관이 깊은 노력을 했고 한 명은 외국어와 같은 일반적인 능력에 투자해 노력했다. 하지만 시간이 지난 후 결과는 비슷했다. 어떤 것을 배우고 익히고 무언가 노력하면 다른 사람보다 뛰어난 부분이 생기고, 언젠가 그 능력이 필요할 때 빛을 보게 된다는 교훈을 얻게 됐다. 공자는 "때맞춰 그것을 익힌다면 이 또한 기쁘지 아니한가! 학이시습지 불역열호: 學而時習之 不亦說乎"라고 말했다. 업무적으로 도움이 되는 것을 공부하면 좋다. 하지만 자기가 좋아하는 것을 배워 보는 것도 좋다.

프론트엔드
& 백엔드

TV 드라마에는 캐주얼 양복을 입은 지적인 개발자가 나온다. 그들은 상대 회사 서버에 접근해서 원하는 정보를 가져오거나 상대 컴퓨터를 내가 원하는 대로 작동한 뒤 임무를 마치면 조용히 빠져나온다. 이런 컨텐츠를 보고 있으면 마치 모든 개발자가 당연히 그런 해킹을 할 줄 알아야 하는 것 같다. 하지만 현실에 이런 일을 할 수 있는 분은 거의 없다. 오히려 일본 애니메이션에 나오는 안경 낀 배불뚝이 개발자와 비슷한 분들은 꽤 있다. 책상에 앉아서 햄버거를 먹으며 일하는 장면은 정말 현실과 비슷하다.

드라마나 애니메이션 속의 개발자 컴퓨터에는 알 수 없는 암호처럼 if문과 for문의 개발 소스가 나온다. 실제로도 개발들은 이런 알 수 없는 무형의 문장으로 프로그램을 만들어 스마트폰이나 PC에서 확인할 수 있도록 한다. 마치 예술가처럼 말이다. 그런 이유에서인지 몰라도, 예술적인 기질을 가진 사람이 개발을 잘하는 경향이 있다. 특히 화면을 만드는 프론트엔드 개발자들은 더욱 그렇다. 전에 같이 일했던 개발자 중에 미대를 졸업한 사람이 있었다. 왜 웹디자인 같은 것을 안 하고 개발자를 하고 있냐고 물으니, 그가 웃으며 대답했다. "저는 붓으로 그림 그리는 걸 좋아하지만 컴퓨터로 그리는 건 좋아하지 않아요. 컴퓨터로는 이렇게 글로 써서 화면을 만드는 것이 더 좋습니다." 그들은 사용자들이 프로그램을 보기 편하게 만드는 사람들이다.

이와 다르게 백엔드 개발자들은 항상 이런 이야기를 한다. "화면에 화려하고 예쁘게 나오는 게 뭐가 중요한가요. 서버에서 계산되어 나와야 하는 데이터가 틀리면 그 프로그램은 끝난 건데요." 정말 그렇다. 만약에 은행 계좌이체 프로그램에서 잘못 계산되어 소수점 한 자리에 밀리고 숫자 하나가 더 들어갔다고 생각해 보자. 정말 난리가 날 것이다. 그런 실수가 있어서는 안 되는 일이기 때문에, 내가 아는 백엔드 서버 개발자들은 대부분 신중하고 차분한 성향을 가지고 있다. 하지만 내용이 아무리 좋아도 개발된 화면이 고객의 마음에 들지 않거나 사용자들이 불편을 겪는다면 그 역시 문제가 될 것이다. 이처럼 프론트엔드 개발과 백엔드 개발 모두 프로그램을 운영하는 데 중요한 역할을 한다.

프론트엔드 개발이든 백엔드 개발이든 다른 어떤 개발을 하든 개발자는 자신이 만든 프로그램이 세상에 물의를 일으키지 않고 유익한 역할을 할 수 있도록 경각심을 가져야 한다. 이런 윤리적인 의식에 대해 언급하는 이유는, 순진한 개발자들에게 찾아오는 유혹과 물질적인 욕망도 분명히 있다고 생각하기 때문이다. 얼마 전 영화관에서 두 가지 스타일의 개발자를 만났다. 개발자가 등장하는 작품을 관람한 것이다. 첫 번째로 만난 개발자는 혼자 방에 갇혀서 온라인 불법도박 프로그램을 개발하는 사람이었고 두 번째 개발자는 천재적인 재능을 이용해 사이버 수사대의 수사망을 피할 수 있도록 하여 실질적으로 도박사이트를 운영하는 악당 개발자였다. 나는 이런 천재 악당 개발자를 만나본 적이 없다. 개발에 천재적인 재능을 가진 사람들은 대부분 세상 물정을 모르고 개발만 한다. 어떻게 보면 순수하다고 볼 수도 있다.

하지만 첫 번째의 경우와 같이 불법적인 개발에 참여한 개발자는 본적이 있다. 자기도 모르게 달콤한 유혹에 속아 불법적인 프로젝트에서 일하는 경우는 실제로 일어나는 일이다. 하지만 그런 일에 연루되는 것 자체가 개발자의 의지라고 볼 수는 없다. 자기가 개발하던 사이트가 불법 사이트라는 걸 뒤늦게 알게 된 사람들이 그 프로젝트에서 그만하기 위해 노력했던 이야기를 몇 차례 들었다. 그런 일을 맡기는 클라이언트의 수법은 이렇다. 처음에는 짧은 시간에 엄청나게 많은 돈을 주겠다고 하면서 접근해, 좋은 개발 환경에서 여유롭게 개발하는 일을 준다고 한다. 계약 후 근무지로 가면 정작 말도 안 되는 일정을 제시하고 밤새 개발할 것을 요구한다. 영화에서 보던, 온몸에 문신한 남성들이 빠르게 개발할 것을 재촉하고 일정이 늦어지면 힘으로 컴퓨터를 파손하기도 했다고 한다. 그 컴퓨터에 개발하고 있는 소스와 자료가 모두 있으니 새 장비를 제공한다고 해도 개발 일정은 더 늦어지기 마련이지만 그들은 그런 건 생각하지 않는다.

일이 끝난 이후에도 돈을 제대로 받는 경우는 드물다. 프로그램을 수정해달라고 계속 요구해서 전화번호를 변경하고 집을 이사했다는 이야기도 들었다. 대부분은 그 경험을 무용담처럼 늘어놓지 않는다. 잊어버리고 싶은 기억인 듯 이야기하는 것을 피하고, 심지어는 트라우마를 호소했다. 흔한 일은 아니지만, 이런 식으로 업무적인 위험에 빠질 수도 있다는 점을 알리고 싶다. 회사의 회계 정보 수정, 서버상 고객 정보 데이터 유출과 같은 유혹이 올 수도 있고, 게임 아이템을 추가 생성해 주기를 요청하며 달콤한 금전적 보상을 제안하는 경우도 만날 수 있다. 사실 이런 일은 숫자를 몇 개 변경하거나 USB에 파일을 복사하기만 해도 되는 쉬운 일이다. 하지만 한 번 그런 일에 손을 대기 시작하면 빠져나오기 힘들다.

컴퓨터 작업으로는 완전 범죄를 할 수 없다. 컴퓨터에서 자료를 지우면 아무도 모를 것 같지만, 디지털 포렌식 등으로 자료를 복구해 이전에 어떤 작업을 했는지 모두 알아닐 수 있다. 해당 프로그램을 의뢰한 클라이언트의 죄가 발각되면 그 일을 도운 개발자 역시 처벌받게 된다. 앞으로 기술적인 발전은 계속해서 있을 것이다. 하지만 개발자들은 매 프로젝트에 임힐 때 이 작업이 과연 정당한 일인지 충분히 생각하고 임해야 한다. 주변의 사정과 개인적인 흔들림이 있다고 하더라도 다시 한번 더 생각하는 힘을 가지기를 진지하게 조언한다.

Q1
'프론트엔드' 개발이란
무엇인가요?

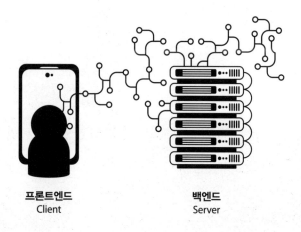

프론트엔드
Client

백엔드
Server

프론트엔드를 설명하기 위해 백엔드에 대한 설명도 간단
히 하는 것이 좋겠다. 프론트엔드 개발과 백엔드 개발은
웹 개발의 주요한 두 가지 분야이다. 두 분야는 서로 밀접
하게 연관되어 있지만 담당하는 내용과 사용하는 기술은
다르다. 프론트엔드는 사용자가 직접 보고 상호작용하는
웹 페이지의 구현과 테스트를 담당한다. 백엔드는 사용자
가 직접 볼 수 없는 서버 측 코드를 개발하여 웹 페이지의
기능을 만들어낸다.

사용자 눈에 보이는 것이 프론트엔드 개발이고 눈으로 볼 수 없는 것이 백엔드 개발이라고 생각하면 편하다. 검색 사이트에 '편의점'이라고 검색창에 텍스트를 입력하고 검색 버튼을 눌러보자. 바로 결과 화면을 볼 수 있다. 여기서 눈에 보이는 검색 페이지와 결과 화면은 프론트엔드 개발에서 담당한다. 이때 백엔드 개발은 '편의점'이라는 검색어에 연관된 데이터베이스를 찾아 A편의점, B편의점, C편의점 등의 검색 결과 데이터를 보내주는 역할을 담당한다.

자동차를 예로 들어보겠다. 우리가 자동차를 볼 때 눈에 보이는 부분이 있다. 자동차 전체의 겉모습과 핸들, 기어, 계기판, 연료 주입구 등으로, 우리가 자동차를 운전하기 위해 사용하는 부분이다. 이것을 프론트엔드에 빗대어 말할 수 있다. 반면 눈에 보이지 않는 엔진, 기어, 미션, 변속기 등은 운전자가 사용하기 힘들고 문제가 생기는 경우 자동차 정비사가 조작해야 한다. 이 부분은 백엔드에 비유할 수 있다.

자동차에서 가장 중요한 부분이 어디인지 질문했을 때, '엔진'이라고 대답하는 사람이 많을 것 같다. 핸들, 기어, 계기판도 엔진에 정보를 알려주는 기능을 가진 데다가, 개발하는 기간도 엔진이 가장 길다. 이때 자동차의 모형을 소비자의 수요에 맞게 디자인하는 사람을 개발에서는 '웹 디자이너'라고 하고, 자동차 부품을 어떻게 배치할지 설계

하는 사람을 '시스템 아키텍터', 자동차를 만드는 과정과
일정을 관리하는 사람을 'PM'이라고 부른다.

그렇다면 프론트엔드 개발을 하기 위해서는 어떤 기술을
익혀야 할까? 프로그래밍 언어로는 HTML, CSS, JavaS-
cript와 개발 라이브러리로는 React, Angular, Vue.js 등을
많이 사용한다. 각 언어에 대해서는 간단히 몇 글자로 설
명하기가 힘들고 내용도 방대하므로 인터넷 검색으로 관
심 있는 내용을 찾아보기를 권한다. 디자인 감각도 필요하
다. 웹디자이너 정도의 실력은 아니더라도, 디자이너가 디
자인한 화면을 이해할 수 있을 정도의 감각은 필요하다.

화면에 표현되는 글의 폰트나 행간, 여백 등을 신경 써서
배치해야 한다. 사용자가 제품이나 서비스에 대해 전체적
으로 느끼는 인상을 공감해야 한다. 이런 내용을 '사용자
경험', UXUser Experience라고 한다. 예를 들어, 사용자가 어떤
페이지에서 저장 버튼을 눌렀다고 생각해 보자. 그때 "저
장할 수 있는 권한이 없습니다"라는 경고창을 전면에 띄
우는 것 보다 더 좋은 방법을 고민해야 한다. 사용자에게
해당 권한이 없다면, 차라리 사용자의 화면에 저장 버튼이
안 보이도록 하는 것이 낫다. 이런 감각이 부족한 개발자
는 디자이너의 의도와 전혀 다른 페이지를 만들게 된다.

그 외에도 프론트엔드 개발자는 프레임워크에 대한 프로

그래밍 능력 및 웹 표준에 대한 이해가 필요하다. 프론트엔드 개발의 장점은 내가 만든 화면을 바로 확인하며 개발할 수 있다는 점인데, 자동차의 핸들을 원형이 아닌 사각으로 만들어 달라고 요청이 와서 만들어 주면 바로 결과를 확인할 수 있다. 반면 엔진은 열심히 만들어서 완성했다고 해도, 자동차를 실제로 운전해보지 않으면 그것이 완성인지 확인이 불가능하다. 대신 프론트엔드는 눈에 보이는 개발이다 보니 트렌드에 민감하고 수정요청이 자주 들어온다는 것이 단점으로 꼽힌다. 프론트엔드 개발자는 위에서 말한 것처럼 디자인과 인터페이스 설계에 관심이 많고, 빠르게 결과물을 확인해 성취감을 느끼고 싶은 사람에게 적합하다. 최신 기술 트렌드에 관심이 많고, 끊임없이 배우는 자세를 가진 개발자라면, 프론트엔드 전문가로 목표를 세우고 일해보는 것도 좋을 것이다.

Q2
'백엔드' 개발이란
무엇인가요?

프론트엔드 개발을 설명하면서 백엔드 개발에 대해서도 간략히 설명했다. 백엔드 개발에서 가장 중요한 점은 내가 만든 기능이 제대로 작동하는지 바로 확인하기 어렵다는 점이다. 형태를 잘 갖춰 개발하더라도, 같이 사용하는 다른 기능을 완성해 작동시켜 보기 전에는 확신할 수 없다. 그래서 백엔드 개발자는 계속 요청사항을 확인하면서 작업의 흐름과 최종 결과를 머릿속에 상상하고 있어야 한다.

공통적인 프로그래밍 언어로는 Java, Python, JavaScript (Node.js), PHP, Ruby 등의 프로그래밍 언어를 많이 사용한다. 최근 한국에서 백엔드 개발자들이 가장 많이 사용하는 언어를 설문한 자료가 있다. 단연 1등은 Java, 2등은 Python이었다. 사실 나는 얼마 전까지도 백엔드 개발은 무조건 Java로 개발하는 줄 알았다. 하지만 최근 Python을 이용한 개발이 매우 많아졌다고 한다. 실제로 대부분의 전문 백엔드 개발자는 Java와 Python 언어 모두를 사용할 수 있다. 어떤 언어로 개발할 것인지는 프로젝트 개발 상황에 따라 언어를 선택하지, 언어에 맞춰서 개발 환경을 변경하지는 않는다.

그 밖에도 고전적인 프로그래밍 능력, 알고리즘 및 데이터 구조에 대한 이해, 데이터베이스 기술, 시스템 설계 능력이 필요하다. 컴퓨터 구조를 잘 알고 프로그램을 개발을 좋아해야 한다. 그래서인지 백엔드 개발자는 외골수적인 사람들이 많고 조금은 특이한 생각을 한다. 이런 부분이 코딩할 때도 발휘되는데, 남들이 생각하지도 못한 알고리즘을 적용해서 뛰어난 성능을 발휘하는 기능을 만든다. 프리랜서로 일하는 백엔드 개발자들이 한 가지에 빠져있어 게임이나 애니메이션 매니아가 많다. 프로야구 광팬인 경우도 종종 봤다. 또 백엔드 개발자들은 데이터 작업을 많이 한다. DBA 수준까지는 아니어도, 데이터베이스에 대한 전반적인 이해가 필수적이다.

백엔드 개발자는 프론트엔드 개발자에 비해 연봉이 높다. 특히 경험이 많고 전문적인 분야를 개발하는 경우, 더 높은 연봉을 받을 수 있다. 웹사이트나 모바일 개발에 필수적이기 때문에 IT 업계에서 수요가 많고 안정적인 일자리 확보가 가능하다. 하지만 초기 진입 장벽이 높다. 처음 백엔드 개발을 배울 때는 고등학생 시절 제일 어려운 미적분을 공부할 때보다 2배 이상 머리를 써야 한다. 복잡한 로직의 백엔드 개발을 종일 하고 나면, 집에 와서는 좋아하는 게임이나 드라마를 보지도 못하고 지쳐 쓰러진다. 실무 경험이 쌓인 뒤에도, 계속해서 백엔드 개발을 하기 위해서는 주기적으로 학습해야 한다. 이 부분은 프론트엔드 개발자도 마찬가지지만, 백엔드 개발에 비하면 난도가 낮다.

백엔드 개발자는 문제 해결 능력이 뛰어나고 새로운 기술을 좋아하는 사람이 도전하면 좋다. 현장에서 일한 경험을 토대로 생각해 보자면 끈기와 인내도 꽤나 필요하다. 코드 작성, 데이터베이스 관리, 서버 관리 등 모든 작업을 꼼꼼하게 수행하고 문제 발생 시 책임감 있게 해결해 나가는 사람이어야 한다. 스스로 생각해서 문제를 해결하되 판단력 있고 빠른 결정을 내릴 수 있다면 적성에 잘 맞을 것이다.

Q3
세부 전공 선택은
어떻게 해야 할까요?

처음부터 '나는 백엔드 개발자다', '나는 프론트엔드만 개발할래.'라는 식으로 한 가지를 분명히 정할 필요는 없다. 특히 신입 개발자라면 가능한 여러 가지 개발 환경을 경험하는 것이 좋다. 보통은 신입 개발자에게 프론트엔드 업무를 배정하는데, 만들어낸 결과물이 바로 눈에 보여서 경험이 없는 개발자도 문제점을 바로 확인할 수 있기 때문이다. 경험이 쌓인 후 전체적인 시스템 구조를 알 때 백엔드로 입문하게 되는 것이 일반적이다. 백엔드 개발은 화면에 직접 결과가 보이지 않기 때문에 로그나 데이터베이스 등을 보면서 문제점을 찾아내야 한다.

여러 경험을 충분히 해봤다면, 다음과 같은 요소를 고려하여 전공을 결정하는 것이 좋을 것 같다. 우선 자신이 어떤 분야에 더 관심이 있는지 생각해 보자. 앞서 설명한 것처럼 프론트엔드는 시스템 화면, 디자인, 사용자 경험, 그리고 사람과 제품 사이의 상호작용을 만들어내는 인터렉션 디자인 기술에 관심이 있는 사람에게 적합하다. 백엔드는 데이터베이스, 서버, 네트워크와 같은 세부적인 기술에 관심이 있는 사람에게 적합하다. 어느 정도 관심사가 정해졌다면 실제로 어떤 부분을 개발할 때 더 행복했는지 생각해 보자. 백엔드는 논리적이고 분석적인 사고를 하는 사람에게, 프론트엔드는 사용자를 배려하는 창의적인 디자인 감각이 있는 사람에게 더 알맞다.

앞으로의 진로를 함께 고려해 보는 것도 좋겠다. 백엔드와 고급 백엔드 개발자, 시스템 · 네트워크 엔지니어 · 시스템 컨설턴트 등 다양한 직군으로 진출할 수 있고, 프론트엔드는 고급 백엔드 개발자, UX디자이너, 퍼블리셔, 프로젝트 리더, 비즈니스 컨설턴트 등으로 진출할 수 있다. 두 분야 모두 웹 개발의 필수적인 부분이기 때문에, 전공을 선택한 후에도 꾸준히 다른 분야에 대해 경험을 쌓는 것이 좋다.

물론 최고의 개발자는 두 가지를 모두 잘하는 '풀스택' 개발자이다. 15년차 이상 경력이 쌓인 고급 개발자들은 대부분 풀스택 개발자이다. 물론 프론트엔드와 백엔드 중 더 전문성이 있는 분야가 있어야 하지만, 개발자가 최종적으로 지향해야 할 목표는 둘 다 개발 가능한 풀스택이라는 것을 잊지 말자. 프로젝트에서 백엔드 개발을 하다가도 간단한 프론트엔드는 직접 처리할 수 있어야 한다. 프론트엔트 개발자도 마찬가지다.

Q4

유지보수 할 때
어려운 부분이 있을까요?

소프트웨어 유지보수SM는 프로그램을 배급한 이후의 결함을 수정하고 기능이나 특징을 개선하는 작업을 말한다. 현장에서는 주로 SISystem Integration를 소프트웨어 유지보수의 줄임말로 사용한다. 책의 앞부분(120p)에서 기획한 프로그램을 유지보수 한다고 가정해 보자. 음악 알람 프로그램 MUSE는 아침마다 매일 새로운 음악으로 모닝콜을 해주는 스마트폰 앱이다. 이 앱을 스마트폰 앱스토어에 올렸는데 많은 사람의 사랑을 받게 되었다. 그런데 문제가 있었다. Q&A 게시판에 문의가 들어온 것이다.

유저 A   알람 소리가 울릴 때 볼륨 조절 기능이 있지만, 작동
          이 안 됩니다.

유저 B   새로운 음악이 아닌 제가 원하는 음악 리스트를 알람
          으로 듣고 싶어요.

운영진은 회의 끝에 해당 내용을 신규 개발하기로 정했다. 위 문의 중 A는 유지보수 건이고, B는 신규 개발 건이다. A는 이미 개발되어있는 프로그램의 오류를 수정하는 것이

Part 3 IT 개발 들여다보기

201

라 기획이 필요하지 않고 기존 소스를 수정해서 해결할 수 있다. B는 기존에 없던 기능을 추가해야 하므로 어떻게 만들지에 대한 기획이 필요하다. 기존 소스 수정이 아닌 신규 개발을 하게 된다.

프로그램 유지보수는 소프트웨어를 운영하는 데 매우 중요한 부분이다. 개발자는 그에 대비해 유의해야 할 부분이 있다. 프로그램은 기능이 많거나 복잡할수록 유지보수가 어려워진다. 구조가 명확하지 않거나 사용한 기술이 다양할수록 이해하기 어렵고 변경에 따른 영향을 예측하기 힘들다. 그러다 보니 개발 담당자가 변경되면 프로그램에 대한 이해도가 낮아져서 유지보수가 더 어려워진다. 동작 방식이나 변경 사항을 이해하는 데 시간이 걸리기 때문이다. 그래서 프로그램을 만들 때는 본인만 알도록 소스를 짜면 안 된다. 그렇게 되면 유지보수를 하는 개발자는 암호를 해독하는 수준으로 작업을 해야 한다. 다른 사람이 알아보기 쉬운 코딩을 해야 수정하기 좋다. 만약 담당자가 변경되는 상황이라면, 문서에 많은 내용을 담기보다 알아야 하는 중요한 정보를 작성해야 쉽게 참고할 수 있다.

회사 경영진이 직접 프로그램 추가 개발이나 수정을 요청할 때도 있다. 이때 어려움이 생길 수 있는데, 경영진은 팀을 구분해서 요청하지 않고 우선 지시부터 내리기 때문이다. 그렇지만 실무자들은 업무분담을 명확하게 해야 한다.

신규 개발 건은 SI팀 신규 버전 프로그램에 적용하는 것이 맞고, 오류나 수정사항은 SM팀에서 하는 게 정석이다. 사용자가 아무리 요청한다고 해도 시간이 걸리는 개발 작업을 다음 버전에 만들어야 한다. SI 작업과 SM 작업을 분리하지 않으면 문제가 많이 생긴다. SM 개발자는 오류 작업에 대한 이해도가 부족해지고, SI 개발자는 신규 기능을 개발할 시간이 줄어들어 새로운 프로그램에도 기능 문제가 많아지는 것이다. 스타트업과 같이 개발자가 적은 회사라면 두 가지 일을 분리하기 어렵겠지만, 규모가 있는 회사라면 반드시 경계를 두어야 한다.

3   개발자의
스트레스

"너 꼭 나중에 너 같은 후임 개발자 데리고 프로젝트 해라!" 회식 중에 옆 테이블에 앉은 선임 개발자 SON의 입에서 큰 소리가 나왔다. 분위기는 금세 어색해졌다. 하지만 후임 개발자 BH는 그에 맞서 자기 의견을 적극적으로 쏟아내고 있었다. 선임 개발자는 경력이 7년 된 중급 개발자이고 후임 개발자는 경력이 3년 된 초급 개발자인데 둘 다 성격은 까칠하기는 해도 개발로 자기 맡은 역할을 충실히 하는 개발자다. 나는 먼저 후임 개발자를 내가 있는 테이블로 불러서 이야기를 들었다. 자기가 아직 부족하니 모르는 부분을 설명해 주면서 프로젝트 진행해야 하는데 선임 개발자가 너무 신경을 안 쓰고 자기 할 일만 한다는 것이다.

"개발자 선배면 후배를 살펴 가면서 프로젝트 진행해야 하는 거 아닌가요? 자기 일 열심히 하는 것은 좋지만 프로젝트에서 개발만 잘하면 무슨 소용이 있어요. 다른 팀 후임들은 어떻게 일하는지 살펴보고 부족한 부분은 도와주면서 같이 작업해야 하는 것 아닌가요? 이건 직무유기입니다." 하면서 격앙되어 얘기했다. 후배 개발자는 성격이

화끈한데 불만이 있으면 적극적으로 의견을 제시한다. 문제를 보면 참지 못하는 성격이라고 할까? 나는 이 심각한 상황에서 순간 웃음이 나왔다. 왜일까? 잠시 뒤 선임 개발자를 불러 그 입장을 들어봤다.

"제가 개발자 교육하는 사람도 아니고 3년 차 개발자면 이제 알아서 일할 때도 되었는데. 저 요즘 공통 모듈 만드는 것 때문에 바쁘다는 것 아시잖아요. 일정 내에 개발할 시간도 없는데 어떻게 제가 모든 개발 이슈를 하나 하나 살펴보고 도와줍니까. 그래도 저는 나름대로 도와주고 있는데 이렇게 지원해 줄 거면 아예 도와주지 말라는 식으로 말하니 못 참고 큰 소리를 냈습니다." 그 이야기를 듣고 내가 말했다. "SON, 나는 이 상황이 왜 데자뷰 같냐."

시간을 돌려서 3년 전 부서 연말 회식 때 돌아가 보겠다. 부서에서 진행하는 프로젝트가 별문제 없이 마무리되어 전체 회식 분위기가 매우 좋았다. 부서에서 제일 높은 이사님도 '오늘은 돼지고기 먹지 말고 소고기 먹어도 된다'라고 건배사를 외쳐서 부서원 전체가 들떠 있었다. 그런데 다들 기분이 들떴다. 그런데 SON은 자리 끝에 앉아서 조용히 혼자 맥주잔을 기울이고 있었다. 이상해서 내가 자리를 선임 개발자 자리로 옆으로 갔다. 평소 같지 않다며 무슨 문제가 있냐고 물으니, SON은 한숨을 쉬면서 대답했다.

"과장님, 이번 프로젝트 정말 엉망진창입니다. 다들 개인적으로 플레이하는데 선임들은 자기 일만 하지 문제를 얘기해도 관심이 없어요. 다음에는 다른 팀으로 옮겨 프로젝트하고 싶습니다." 그런 뒤에도 SON은 한참 동안 '개발만 잘하고 사업관점으로 보지 못하는 사람은 그만둬야 한다'든가, '선임으로서 해야 할 일' 등을 얘기하며 불만을 얘기했다. 현재 후임에게 듣는 피드백이 불과 3년 전에 그가 했던 말인 것이다.

이런 고민은 개발 3년에서 5년 사이 개발자가 겪게 되는 보편적인 내용인 것 같다. 개발한지 만 3년이 넘어가면 개발에 불이 붙어서 일이 정말 재미있다. 열심히 개발하는 과정에서 이슈가 발생하면 빨리 처리하고 싶다. 선임 개발자가 이 부분만 도와주면 해결되어 개발을 더 빨리 진행할 수 있는데 쉽게 시간을 내어주지 않으니 기다리는 것이 너무 힘들다. 일반적으로 5년 이상의 개발자가 되면 자기가 인터넷으로 개발 문제점을 확인하며 개발할 수 있지만, 초급 개발자들은 그런 능력이 적어 주변의 도움을 청하게 된다. 하지만 선임 개발자는 자기 나름대로 개발해야 하는 일도 있고 이 정도 문제는 개발자가 직접 찾아 해결한다고 생각하기 때문에 직접 찾기를 기다린다. 곰이 자기 새끼에게 먹이를 주는 것보다 먹이 잡는 법을 가르친다는 얘기처럼 말이다. 나 역시도 마찬가지였다. 나는 당시 PM에게 문제점을 이야기하고 전화기를 끈 채 이틀간 잠적했었다.

얼마 전에는 프로젝트로 대전에 갔다가, 개발하고 있는 10년 차 개발자인 후임 BH를 만났다. "BH, 요즘 프로젝트 할 만해? 어때?" 내가 안부를 묻자 BH가 대답했다. "신입 개발자들 때문에 힘들어요. 요즘은 제가 하는 일이 개발인지 교육인지 모르겠어요." 나는 그 말을 들으며 또 웃음이 지어졌다. "너만 하겠냐? 너 기억나니 신입 때 이리 저리 선임들 들이박고 다녔잖아." 후임 개발자 BH는 웃으면서 말했다. "언제 적 얘기를 하시는 거예요. 그때는 혈기왕성 했지만 지금 순한 양입니다." 맞다. 개발자면 누구나 이런 과정을 거칠 수 있다. 이런 시간을 모두 통과한 후에야 진정한 개발자의 면모가 생겨나는 것 같다.

Q1
개발자들이 겪는
직업병이 있나요?

개발자는 사무직이라면 누구나 얻을 수 있는 직업병을 모두 가지고 있다. 주로 마우스를 많이 써서 생기는 손목 터널 증후군과 건초염, 장시간 의자에 앉아 있어서 생기는 목 디스크나 허리 디스크 같은 것이다. 컴퓨터 화면을 집중해서 보느라 눈의 피로가 심해지면서 시력이 나빠지거나 백내장 또는 녹내장이 올 수도 있다. 나도 대학 때 게임을 너무 많이 해서 손목에 문제가 생겼다. 마우스를 바꾸고, 손목 보호대를 하기도 했고, 병원에서 물리치료도 받았다. 디스크는 아플 때 쉬어야 하는데, 사회생활을 하면 내가 원할 때 휴식을 취하기가 쉽지 않다. 대부분 개발자가 디스크를 호소하는데, 나도 허리 디스크로 보름 정도 입원을 한 적이 있다. 그때 의사 선생님은 치료보다는 예방이라며, 주기적으로 운동을 하기를 권했다. 대부분의 개발자는 몸을 많이 움직이는 것에 익숙하지 않다. 그래서 운동하는 사람을 찾기가 쉽지 않다. 하지만 계속 건강하게 일할 수 있으려면 정기적으로 운동해야 한다. 업무 시간에도 가벼운 스트레칭을 반드시 하자.

하지만 개발하면서 가장 많이 얻는 병은 '화병'이다. 개발하다 보면 여러 가지 화가 나는 상황에 맞닥뜨리게 된다. 말도 안 되는 기능을 개발해 달라고 할 때, 말도 안 되는 기간에 개발해 달라고 할 때, 말도 안 되는 비용으로 개발해 달라고 할 때, 말이 안 통하는 고객이랑 의사소통할 때 얼굴이 뜨거워지고 가슴에서 불이 나는 것 같다. 개발자 7~8년 차까지는 이런 상황에서 강경한 태도를 가지며 사람들과 갈등도 많이 빚었다.

하루는 PM과 씩씩거리고 있었다. 기간 안에 만들 수 없다고 여러 번 답변한 건을 PM이 계속해서 요청했기 때문이다. 옆에 있던 개발자 동료는 나를 위로하기 위해 말했다. "PM님은 계속 저럴 거야. 초반에 너무 힘 빼지마." 가만히 생각해 보니 동료의 말이 맞는 것 같았다. PM에게 가서 말했다. "그 기능 개발해 보겠습니다. 하지만 설명한 것처럼 결과는 장담하지 못합니다. 문제가 생기면 제 책임은 아닙니다." 주어진 시간 만큼 일하면서 몇 주가 지나자 요청한 기능 개발은 당연히 못 하고 다른 기능 개발 일정도 지연됐다. 그걸 보고 PM은 고집하던 기능을 포기했다. 그 후로 나는 말도 안 되는 요청을 대처하는 요령이 생겼다. 덕분에 화병까지 나지 않고 스트레스를 조절할 수 있었다.

누구나 화를 피하는 자신만의 방법이 필요하다. 개발자는 특히 육체적인 것보다 정신적인 어려움을 겪을 때가 많다.

업무 과중이나 피로감으로 인해 발생하는 우울증, 업무의
완성도에 대한 불안이나 실패에 대한 두려움 등으로 얻는
불안증, 개발한 프로젝트가 잘못되지는 않을까 걱정하는
마음에 얹어지는 공황장애, 무리한 요청에 치밀어 오르는
울화… 이런 상황이 생기는 것은 개발자 본인의 탓이 아
니다. 이때는 주변 선배 개발자나 경험이 많은 관리자에게
도움을 먼저 청해 의견을 구하는 것이 좋다.

그렇게 해도 해결되지 않는 경우는 정신의학과 전문의나
상담사를 만나야 한다. 요즘은 정신과 진료를 받는 게 그
렇게 큰 문제가 아니다. 많은 직장인이 여러 일로 진료를
받고 있다. 나도 병원에 방문한 적이 있는데, 상담과 약물
치료는 생각보다 효과가 좋고 많은 도움이 된다. 최악의
경우, 스트레스로 인해 업무상 문제가 생기면 이전에 직장
스트레스로 정신과에서 치료받았던 내용이 중요한 증거가
된다. 하지만 이런 일이 발생하기 전에 먼저 예방하는 것
이 무엇보다 중요하다.

Q2

모든 개발자는
야근이 잦나요?

2000년대 초반에는 IT 업계에서 일하면 야근하는 것이 일반적이었다. 내가 처음 입사한 회사에서는 '칼퇴'를 한 적이 거의 없었다. 새벽 세 시에 택시를 타고 퇴근하면 꼭 듣는 질문이 있었는데, "혹시 벤처회사 다니세요?"였다. 어떻게 아시냐고 물어보니 이 시간에 술을 마시지 않고 택시 타는 사람은 벤처회사 직원밖에 없다는 답이 돌아왔다. 매일 야근하는 것이 지치기도 했지만, 당시에는 개발이 너무 재미있어서 괜찮았다. 내가 직접 만든 프로그램이 작동하는 것도 뿌듯하고 회사에서 인정받는 직원이 되는 기분도 좋았다. 하지만 요즘은 그런 식의 업무 방식에는 여러 가지 문제가 있다는 생각이 든다.

야근은 긴급한 상황이 발생할 때 하는 것이다. 평소에 야근해서 업무를 끝내면, 회사는 직원이 그 정도의 업무를 끝낼 수 있다고 생각하고 다음에도 같은 양의 일을 준다. 나는 야근해서 겨우 일을 끝낸 건데, 다음에도 같은 양이 오면 당연히 야근해야 한다. 이렇게 누적된 피로는 어느 순간 폭발해 퇴사로까지 이어진다. 야근할 때는 꼭 관리자에게 야근하고 있다는 보고를 해야 한다. 현재 작업량이 많다는 것을 알리고 그것이 반복될 때는 상의해서 업무량을 조절하는 것이다.

물론 개발 업무 특성상 어쩔 수 없이 야근해야 하는 상황도 종종 있다. 시스템 신규 오픈이나 개발 소스를 반영하는 날은 업무 시간 이후에 작업한다. 업무 시간에 사용하고 있는 시스템을 중단하고 반영할 수 없기 때문이다. 이전에 개발 업무를 했던 S사는 밤 10시부터 운영 서버 접속이 가능했고, 지금 일하고 있는 L사는 저녁 7시부터 접속할 수 있다. 시스템 반영 작업은 테스트까지 완료하려면 아무리 빨리 끝나도 최소 3시간은 소요된다. '오늘 집에 들어가기 힘들구나.'라고 마음을 비우면 차라리 속이 편하다. 시스템이 반영된 다음 날도 바쁘다. 실제 사용자들이 처음으로 반영된 기능을 사용하기 때문이다. 예상치 못한 문제도 종종 발생하는데, 작은 오류는 다음 반영 시에 적용하면 되지만 시스템에 전반적인 문제를 줄 수 있는 A급 에러는 바로 작업해야 한다. 결국, 시스템 반영 때는 다음 날까지 철야나 야근을 하는 것이다.

세상에 야근을 좋아하는 개발자는 없다. 자율 시간 근무제가 있는 회사라면 일부러 야간에 작업하는 개발자도 있겠지만 말이다. 물론 높은 잔업 수당을 준다면 생각이 좀 달라지기는 한다. 지금 같이 일하는 우리 팀은 긴급 장애를 제외하고는 매달 셋째 주 목요일 오후에 정기적으로 시스템 반영을 하고 있다. 저녁 7시부터 시작해, 다음날 금요일 오전까지 정신없이 바쁘다. 물론 전에 비하면 야근이 많이 줄었다. 하지만 이런 상황에서 IT 개발자는 야근을 완전히 피할 수는 없을 것 같다.

Q3
'트러블 슈팅'은
어떻게 하나요?

트러블 슈팅이란 시스템에서 발생하는 복잡한 문제를 종합적으로 진단해 처리하는 과정을 말한다. 쉽게 이야기하면 프로그램에 문제가 발생했을 때 그 원인을 찾아 해결하는 것을 의미한다. 예상하지 못한 폭탄을 처리하는 과정이라고 생각하면 된다. 프로젝트 중에 만날 수 있는 트러블 슈팅에는 두 가지 종류가 있다. 수류탄 같은 소형 폭탄과 미사일 같은 대형 폭탄이다.

먼저 소형 폭탄은 프로그램을 개발하는 과정에서 발견한다. 예를 들어, 개발자 A와 B가 작업한 모듈을 하나로 만들 때 인터페이스_{시스템의 정보를 교환하는 공유 경계}를 개발하는 시간이 개발보다 더 오래 걸리는 경우다. 경력이 많은 개발자는 보통 이 부분부터 먼저 정의하고 작업에 들어가지만, 초급 개발자는 이런 경험이 없으니 당황하게 된다. 이럴 때 우왕좌왕하기 쉬운데, 일반적으로는 경험 많은 개발자가 개입해 해결한다. 두 모듈을 보면서 필요한 부분을 빼서 연계 모듈을 만드는 작업을 하는 것이다. 프로그램 설계자와 관리자가 개발 전에 먼저 상의해서 사전에 이런 상황을 예방하는

I am a programmer

것이 좋지만, 문제 발생 시 선임 개발자들이 적극적으로 트러블 슈터 역할을 해서 해결해 주는 것이 최선이다.

대형 폭탄은 프로그램 자체가 엉망진창이 되어 있고 프로젝트 관리도 잘못된 경우이다. 전에 다니던 회사에서 급히 TF_{Task Force}팀이 구성되어 불려간 적이 있다. 각 부서의 개발 에이스를 한 명씩 선발해 다섯 명이 모였는데, 분위기가 심상치 않았다. 회사에 엉망진창이 된 프로젝트가 있어서 지방에 있는 고객 회사로 2달간 지원을 나가야 한다는 것이다. 폭탄처리반으로 선정된 대신 KTX 특실 무한이용권, A급 숙소지원, 별도 보상금 지원, 보상 휴가 지원 등 파격적인 보상을 받았다.

그런데 막상 지방에 내려가 보니, 모든 것을 처음부터 다시 개발해야 하는 상황이었다. 막막한 상황이었지만, 모인 인원이 각 부서의 에이스들이다 보니 서로에게 지지 않고 각자의 자존심을 지키고자 열심히 폭탄을 처리했다. 덕분에 6개월 동안 지지부진하던 시스템을 2개월 만에 새롭게 개발할 수 있었다. 프로젝트 완료 후에는 보고회 때 상사들의 격려도 많이 받고 맛있는 식사도 대접받았다. 그 후로 작업을 함께했던 다섯 명은 본격적인 한 팀으로 묶여 대형 폭탄이 생길 때마다 전국 각지를 돌아다니며 일하게 되었다.

아무리 많은 테스트를 하고, 좋은 관리자와 개발자가 담당해도 트러블 슈팅은 생길 수밖에 없다. 크고 작은 이슈가 발생했을 때, 문제점을 잘 분석해서 해결할 수 있도록 방안을 만드는 것도 개발자의 일이라고 할 수 있다. 트러블 슈팅은 누구나 마주하기 싫은 것이 사실이지만, 이것을 기회 삼을 수도 있다. 다른 개발자의 소스를 분석해 문제를 해결하다 보면 자신의 프로그램을 개발할 때도 소스 분석 능력이 향상된 것을 느낄 수 있다. 나중에는 어떤 프로젝트에 투입되어 개발하게 되어도 두렵지 않게 된다. 오랜 시간 동안 많은 개발을 한 사람보다, 이런 문제를 분석해 잘 해결하는 개발자가 진정한 고급 개발자이다.

Q4

급하게 생긴 이슈는
어떻게 처리하나요?

연말이 되면 개발 프로젝트들이 마무리된다. 사기업은 12월 초에, 정부에서 진행하는 공공 프로젝트는 12월 말에 종료하는 경우가 많다. 사기업은 연말 회계 마감, 인사 개편, 시스템 오픈, 사용하지 못한 휴가 사용 등으로 분위기가 어수선해서인지 마감을 서두른다. 정부 프로젝트는 1, 2, 3차 오픈이 일 년에 걸쳐 단계적으로 진행되다가 크리스마스 전후에 마감한다. 시스템 오픈전에는 할 일이 많다. 시스템 테스트, 에러 수정, 문서 작성을 마친 뒤 완료 보고도 해야 한다. 이 중 테스트 단계에서 엄청난 문제점을 발견하기도 한다. 만들었는데 작동이 안 되는 시스템 오류, 계획했던 기능 개발이 누락 된 경우 등이 그것이다. 고객이 심각한 표정을 지으며 PM에게 긴급회의를 요청하면 급히 추가 업무가 생긴다. 이런 일은 보통 프로젝트 종료 전 1~2개월 사이에 많이 생기는데, 그래서 10월~11월이 가장 바쁘다.

고객   프로젝트가 1개월 남았는데 어떻게 하실 겁니까?

PM   남은 1개월 동안 어떻게든 문제없이 오픈할 수 있도록 하겠습니다.

PM은 바로 프로젝트팀을 소집 대책 회의를 한다. 이럴 때 해결 방법은 2가지다. 첫째, 시스템을 오픈하기로 한 날짜 이후에 오픈하는 방식으로 개발 기간을 늘린다. 둘째, 개발자를 더 투입하거나 숙련된 고급 개발자로 인원을 교체한다.

몇 년 전 11월 중순쯤, 내가 회사 개발 3팀 팀장이었을 때 개발 2팀 팀장이 회의를 소집했다. 우리 프로젝트에 문제가 있는 것은 아니고, 2팀에서 진행하는 다른 프로젝트가 이슈가 생겼으니 도와달라는 요청이었다. 우리 팀 일이 아니므로 거부해도 되는 상황이었고, 우리는 현재 주어진 프로젝트를 빠르게 마무리한 뒤 내년 사업을 연구·사전 개발할 계획이었다. 갑자기 다른 프로젝트에 투입된다면 추가 업무를 해야 하므로 영 마땅찮았다.

하지만 상황을 듣고 우리 팀원들은 모두 지원에 들어갔다. 팀장인 나는 문제가 되는 프로젝트의 개발 일정을 조율했다. 기존에 하려던 연구과제는 1월로 미루고, 2팀 지원을 12월까지 처리하도록 하는 일정이었다. 팀 내의 개발자를 배치하고, 직접 개발 소스를 분석하기도 했다. 12월 프로젝트 종료 보고 후 2팀 팀장은 고마웠는지 비싼 참치 횟집에서 회식을 열어줬다.

프로젝트는 초기 계획 시에 최대한 기간과 인력을 적절히 배치하는 것이 중요하다. 하지만 아무리 일정을 철저히 세워도 사람이 하는 일이다 보니 완벽할 수 없다. 그래서 이슈가 발생했을 때 팀과 함께 해결 방법을 찾고 내용을 잘 공유하는 것이 중요하다. 무엇보다 자기 일이 아니어도 서로 도울 수 있도록 평소 신뢰를 잘 쌓아야 한다. 개발을 대신해 줄 수는 없어도, 개발에 전념할 수 있게 문서 작성이나 테스트 등 다른 요소를 지원할 수 있다.

개발자의
왓츠 인 마이백

손톱깎이

키보드를 칠 때 자판에 손톱이 닿는 느낌이 싫다. 손 끝에 닿는 딱
딱한 느낌 때문에 개발에 집중할 수가 없다. 항상 손톱깎이를 가
방에 넣어 두고 다니다가, 불쾌한 느낌이 들면 바로 짧게 깎아 버
린다. 손톱을 회사에서 깎으면 제일 문제는 손톱을 깎을 때 나는
"딱"하는 소리다. 사무실에서 딱딱 소리를 내면 주위의 모든 사람
이 나한테 집중한다. 그래서 손톱은 회사 건물 주변을 산보하면서
깎는다. 그래서인지 손톱 모양이 예쁘지는 않다. 하지만 일각에는
패션 네일아트를 하고도 키보드를 잘 치는 개발자와 디자이너들
도 존재한다.

스마트태그

아침에 출근 전이나 회사에서 퇴근 전에 이어폰, 차키가 어디 있
는지 모를 때 스마트폰을 이용해서 호출하면 소리도 나고 대략적
인 위치를 알려준다. 시간에 쫓기면서도 덜렁대는 성향 때문에 물
건 찾는데 시간을 많이 쓰는 나는 그 시간을 줄일 수 있다는 것이
너무 좋았다. 아쉬운 점은 한국 지도 서비스와 연동되지 않아 정
확한 위치가 지도에 나오지 않는다는 점이다. 우리나라는 보안 상
의 이유로 지도 데이터를 해외 반출하는 것을 법적으로 막고 있
다. 해외에 나가면 구글맵을 이용해서 한반도 대부분을 정확하게
확인할 수 있다. 국가 안보는 매우 중요하지만, 누구나 접근할 수
있는 정보를 막아두는 것이 과연 유의미한지 생각해 보면 좋겠다.

약통

미로찾기 같은 코딩에서 답을 찾아야 하거나 고객이 생각한 기능에 어떤 문제가 있는지 설명해야 하는 날에는 힘들어서 몸을 움직일 수도 없다. 머리가 터져버릴 것 같을 때는 휴식이 필요하다. 하지만 바쁜 회사 일정을 생각하면 그것도 쉽지는 않은데, 이럴 때는 두통약을 먹는 게 좋다. 점심을 먹고 회의에 다녀오면 소화가 되지 않아 소화제를 찾아 다니는 것도 일상이 됐다. 컴퓨터 화면을 계속 보고 있으니 눈이 쉽게 건조하고 침침해진다. 너무 많은 복용에는 문제가 따르기 마련이지만, 아직 더 좋은 방법을 찾지 못했다.

이어폰

주변의 소리로부터 집중하기 위해서 대부분 개발자에게 이어폰은 필수인 것 같다. 나는 2개의 에어팟 프로를 가지고 다니지만 혹시 사용하던 이어폰을 집에 두고 오거나 배터리가 떨어졌을 때는 세컨드 이어폰을 사용한다. 새로운 음악을 들으면 일보다 음악에 집중하게 된다. 그래서 일할 때는 10년째 같은 음악을 듣고 있다. 대부분 조용한 음악이다. 내가 10년 차 개발자였을 때 팀장이 이어폰을 못 사용하게 한 적이 있었다. 팀장님은 항상 자기가 지시를 구두로 하면 바로 실행할 수 있도록 이어폰을 빼고 개발하라고 했다. 나는 그게 싫어서 바로 이직했다. 지금도 나는 이어폰을 못 쓰게 하는 것이 개발자에 대한 배려가 부족한 것이라고 생각한다.

키보드

키보드를 가방에 넣어 다니는 것은 아니지만 그만큼 개발자에게 중요한 물건이다. 노트북만큼 소중하다고 할 수 있다. 회사에서 주는 키보드를 그냥 사용하는 개발자도 있지만 대부분은 자기가 좋아하는 스타일의 키보드를 사용한다. 가장 일반적인 멤브레인 키보드, 노트북에서 사용하는 납작한 펜타그래프 키보드, 타자기 치는 느낌이 나는 기계식 키보드 등 선호하는 스타일의 키보드를 사용한다. 한때는 소리가 나는 기계식 키보드를 사용하면 주변 사람들이 불편을 호소했는데 지금은 기계식 키보드를 사용하는 사람이 많아져서 자연스럽게 주변 소리로 인식한다. 내가 본 최고의 키보드 매니아 개발자는 나무로 깎아서 만든 키보드를 가지고 다녔는데 무게가 노트북 무게와 맞먹었다.

I am a programmer

Part 4 IT 개발자 진로 가이드

1   개발자와
        이슈

금요일 저녁, 퇴근 후 집에 막 도착해서 저녁을 먹고 있을 때였다. 갑자기 전화 한 통이 걸려왔다. "차장님, 큰일 났어요. 저희 테스트 서버가 작동을 안 합니다. 랜섬웨어에 걸린 것 같아요."

나는 랜섬웨어가 퍼져가는 것을 막기 위해 바로 서버실에 있는 서버에 모든 랜선을 뽑으라고 지시했다. 그리고 급히 차를 몰고 회사에 갔다. 개발자들이 컴퓨터를 들여다보고 있었다. 컴퓨터 화면에는 해커가 계좌로 비트코인을 보내주면 컴퓨터 파일의 암호를 메일로 보내주겠다고 써놓았다. 랜섬웨어란 몰래 다른 사람의 컴퓨터에 접근하여 모든 파일에 암호를 걸어 컴퓨터의 주인이 서버를 이용할 수 없게 하는 것이다. 보통은 금전을 요구하는데, 비용을 지불하면 해당 암호를 보내준다.

우리팀 역시 랜섬웨어를 피해갈 수는 없었다. 테스트 서버에는 우리 팀이 6개월 동안 진행한 형상관리 서버 용도, 테스트 데이터가 들어있는 테스트 데이터베이스, 우리가 어디까지 개발했는지 고객이 내용을 확인할 수 있는 웹서버가 들어있었다. 모두 중요한 자료였다. 하지만 역시 그 중 가장 중요한 것은 개발 소스였다. 당장 다음 달에 오픈 예정이라 시스템이 거의 완성단계였다. 그리고 돌아오는 주간에는 고객에게 시연도 해야 하는 상황이었다.

해커는 암호를 풀어주는 대가로 약 3,000만 원을 요구했다. 돈을 지불하고 암호를 받으면 다행이지만, 돈만 받고 암호를 보내지 않는 경우도 있어 쉽게 손을 쓸 수 없었다. 이 경우 회사의 다른 장비도 모두 다 확인해야 한다. 우리 장비에 접근했다는 것은 보안의 취약점을 확인했다는 것이므로, 다른 장비에도 랜섬웨어를 똑같이 퍼트릴 수 있다. 그래서 우선 사내의 다른 장비들을 모두 확인했다. 다행히도 우리 서버에만 문제가 있었다. 대표님과 함께 내부 회의를 진행했다. 비용을 지불하고 암호를 받아낼지, 아니면 우리가 직접 복구할지를 정했다. 우선 직접 복구를 해보고, 안 되면 그때 비용을 지불 해 암호를 받아 오자고 결론을 냈다.

네 명의 개발자가 각각 기능을 맡아서 하고 있으니 어디까지 개발이 되어 있는지 확인 후 우선적으로 소스 병합을 하기로 했다. 작업하다 보니 회사 연구소에서 만든 공통소스 최신 버전이 우리에게 없다는 것을 발견했다. 나는 공통소스 중 최신 것을 제공해줄 수 있는 연구소장에게 전화해 소스를 요청했다. 전화를 받은 연구소장은 주말에 가족과 함께 캠핑을 즐기는 중이었고, 당연히 노트북은 가져가지 않았다. 그래도 긴급한 사정을 들은 연구소장이 근처 PC방으로 가서 원격으로 접속하여 최신 공통소스를 제공해주었다.

소스를 병합했지만, 이내 시스템 간의 연결 인터페이스 소스가 없는 것을 발견했다. 산 넘어 산이었다. 그때 개발2팀 B팀장이 회사에 문제가 있다는 이야기를 듣고 연락해왔다. "내가 지원해 줄 거 있어?" 마치 천군만마를 얻은 기분이었다. B팀장은 경험이 많은 노련한 개발자인데, 이럴 때는 경험이 많은 개발자가 있는 게 큰 도움이 된다. 해당 부분을 파악하고 몇 시간 내로 붙여 보겠다고 했는데, 불과 3시간 만에 동작할 수 있는 소스를 개발해 주었다.

시스템을 실행하자 웹사이트에 사용되는 JPG 이미지 파일이 복구되지 않아 화면이 온통 깨져 보였다. 디자인을 맡았던 웹디자이너 C에게 전화했다. C는 이야기를 듣자마자 포토샵으로 작업해 파일을 보내주었다. 그러면서 "주말에 일 시키셨으니까 월요일 아침 커피는 차장님이 쏘세요."라고 했다. 커피가 아니라 소고기를 사달라고 했어도 고마워서 기분 좋게 샀을 터였다. 어느 정도 복구가 된 뒤에도 화면이 나오지 않았는데, 데이터베이스에 데이터가 없는 게 원인이었다. 대표님이 클라이언트 회사에 파견을 가있는 유지보수 SM팀에 전화를 했고, 그중 H과장이 달려와 샘플 데이터를 데이터베이스에 밀어 넣기 시작했다.

시스템은 일요일 오후부터 정상 작동되었다. 우리는 해커에게 암호를 받지 않고 시스템을 정상화했다. 짧은 이틀 사이에 우리 팀 팀원들과 연구소 직원들, 개발2팀, 디자이너, SM팀이 함께 일해 모든 테스트 시스템을 복구한 것이다. 어느 한 팀의 협업만 없었어도 우리가 소비한 시간은 쓸모없는 시간이 되었을 것이다. 하지만 모두가 자기 일처럼 달려와 준 덕분에 아무 일 없다는 듯 새로운 한 주를 맞이할 수 있었다. 월요일에는 고객과 함께 개발 시연을 진행했다.

Q1

기획자와의 갈등은
어떻게 풀어가나요?

공기업 프로젝트에서 영업직군 Y 차장이 고객과 회의를 하고 왔다. 회의 내용을 정리해 IT 기획자 K 차장에게 전달했다. 두 분의 언성이 높아졌다. 당시 나는 7년 차 과장 개발자였다.

기획 K 차장   이게 무슨 소리인가요? 요구사항에 없는 얘기인데.

영업 Y 차장   그렇긴 한데 좀 해줘. 이걸 하기로 방금 고객이랑 이야기했어. 꼭 필요한 기능이라잖아.

기획 K 차장   진짜 이렇게 만들어야 해요? 아니, 이렇게 만들면 지금 기획한 내용 다 변경해야 하는데… 저는 못 합니다. 아니 처음부터 이야기하셨어야죠. 기획서 다 나와서 개발 시작하고 있는데 개발팀에 어떻게 말씀하실 건가요?

영업 Y 차장   내가 개발 PM에게 다 얘기해서 진행할 테니까 기획서 수정해 줘.

이 상황에서 가장 문제가 되는 사람은 영업 Y 차장이다. 추가하지 않아도 되는 기능을 개발해 주겠다고 고객에게

I am a programmer

자기 멋대로 얘기해서 일을 복잡하게 만들었다. 기능을 추가해 줄 수는 있지만, 개발팀에 기간 내 개발 가능 여부에 대한 의견을 반드시 물어야 한다. 프로젝트를 진행하다 보면 이렇게 영업자가 일을 키울 때가 있다. 하지만 PM이나 기획자가 일을 더 크게 만드는 경우도 많다. 얼마 후 진행된 개발 회의에 K 차장은 수정한 기획서를 가지고 왔다.

PM U 부장	이게 뭐야, 어쩌라는 거야. 이걸 진짜 해 준다고 하면 어떻게 해!
기획 K 차장	영업 Y 차장이 이렇게 만들라고 했어요.
PM U 부장	아무리 만들라고 했어도 할 수 있는 걸 해준다고 해야지! 지금 프로젝트 3개월 남았는데 이렇게 하면 어떻게 해! J 과장, 이게 가능한 일정이야?
개발 J 과장	분석부터 해봐야겠지만… 야근해도 기간 내에는 힘들어요.
PM U 부장	추가 기능은 그렇다고 치고, 지금 개발된 게시판에 검색 필터 기능이 없는데 이건 어떻게 할 거야?
기획 K 차장	이 기능 추가하는데 필터 기능이 없으면 사용자가 정말 불편해서 안 돼요.
개발 J 과장	지금까지 개발한 게시판들을 다 변경해야겠는데요. 이것도 일이 엄청나게 늘어나요.
PM U 부장	내가 그만두기 전에는 이 기획서대로 개발 못 하니 알아서 해.
기획 K 차장	저도 요청받은 대로 한 거라 수정 못 합니다.

그다음 문제는 기획자와 개발팀의 관점 차이다. 개발자는 게시판 기능을 추가함으로써 모든 화면에 적용된 게시판 소스를 모두 수정해야 한다. 필터 기능을 포함해야 하기 때문이다. 게시판은 모든 페이지에 포함되어 있으니 30개가 넘는 페이지를 수정해야 했다. 처음부터 검색 필터를 고려한 기획서를 제공했으면 문제가 없었을 것이다. 하지만 개발 기간이나 기술적인 어려움을 전혀 염두에 두지 않는 바람에 개발 중간에 우여곡절을 겪어야 했다. 기획자는 업무 편의를 위주로만 생각하기 때문에 개발자와 마찰을 겪게 되었다.

이 사례를 차치하고도, 기획자와 개발자 사이에는 많은 충돌이 발생한다. 그 원인은 크게 두 가지로 볼 수 있다. 첫째, 위 사례와 같이 개발자는 기술적인 측면을, 기획자는 비즈니스적인 측면을 고려하기 때문이다. 개발자는 기술적으로 구현이 가능한 것인지, 안정적일지, 효율적일지 등에 집중하는 반면 기획자는 사용자의 편의성, 비용, 일정 등을 고려한다. 둘째, 개발자와 기획자 사이에 소통이 부족하기 때문이다. 서로의 입장을 충분히 이해하지 못하고 의견을 고집하다 보니 갈등이 깊어진다. 대형 프로젝트는 기획팀이 별도로 있지만, 보통은 한 팀에 기획자와 개발자, 디자이너, PM이 같은 사무실을 사용한다. 의견 충돌은 기획자와 개발자뿐만 아니라 기획자와 디자이너, PM과 팀원 사이에도 항상 발생한다. 이런 상황에서 서로에 대한 신뢰가 있다면 간단하게 웃으면서 넘길 수도 있다.

개발자   정말 이거 만들라고? 나 밤새라는 거지?

기획자   죄송합니다. 저도 정말 방법이 없었습니다. 고객이 하
도 난리를 펴서, 제가 오늘 점심 먹고 커피 살게요.

개발자   이게 커피 가지고 될 일이야. 다음 주에 일 다 끝나고
저녁 사.

아마 기능 개발이 끝나면 팀원들은 기획자가 사는 저녁을
먹으며 사람 사는 이야기를 할 것이다. 그렇다고 해서 매
번 기획자가 저녁을 살 수는 없는 노릇이다. 프로그램 개
발자와 기획자 사이에 의견 충돌이 발생했을 때는 다음
과 같은 방법으로 풀어 보자. 우선 서로의 입장 이해를 위
해 노력한다. 개발자는 기획자의 비즈니스적인 요구사항
을, 기획자는 개발자의 기술적인 한계를 이해하기 위해 노
력해야 한다. 그리고 문제가 발생했을 때 문제를 해결하기
위한 대안을 제시한다. 단순히 자신의 의견만을 고집하기
보다는 문제를 해결하기 위한 대안을 서로가 제시함으로
써 합의할 수 있다. 그래도 입장 차가 커서 해결이 안 되면
PM이나 다른 관계자의 도움을 요청한다. 서로 간의 조율
이 어려운 경우 다른 프로젝트 관계자의 경험이 도움이 된
다. 개발자와 기획자는 서로 협력하여 좋은 결과물을 만들
어야 하는 파트너이다. 따라서 의견 충돌이 발생하더라도
문제를 해결하기 위해 노력하는 자세가 필요하다.

Q2
개발 일정을 조율하는
요령이 있을까요?

시스템 개발 프로젝트가 시작되면 초기 프로젝트 단계부터 철저한 계획을 수립해야 한다. 프로젝트의 목표와 범위를 명확히 하고, 단계별로 필요한 작업과 인력을 파악해야 한다. 또한, 각 작업의 소요 기간을 정확하게 예측하되 일정에 여유를 두어야 한다. 개발자들은 이것은 '버퍼'라고 부른다. 2주일 동안 개발할 수 있다고 분석한 일은 넉넉히 3주로 잡는 것이 좋다. 개발해 보면 예상하지 못한 이상한 일들이 갑자기 많이 발생하므로 매우 중요한 부분이다.

프로젝트에 포함된 모든 사람의 의견을 듣고 여러 가지 요구사항을 빠짐없이 파악해야 한다. PM, 개발자, 고객 등 다양한 프로젝트 참여자들의 요구사항에 따라 일정이 변동될 여지가 크기 때문에 이를 잘 고려해 기간 설정에 반영해야 한다. 또, 변수에 유연하게 대처해야 한다. 변경 사항을 줄일 수는 있지만 아예 없을 수는 없다. 예상치 못한 일이 벌어져도 혼란스러워하기보다 내용을 빠르게 파악하고 일정을 조정하는 것이 중요하다.

프로젝트 진행 중에는 상황을 주기적으로 점검해야 한다. 일정에 차질이 발생하지 않도록 관리하는 것이다. 요즘은 모든 사람이 개발된 내용을 정기적으로 시연하는 프로그램 관리 기법 '에자일 스프린트'가 유행이다. 소프트웨어 개발 방법론 중 하나인 애자일 방법론에서 사용되는 용어인데, 프로젝트를 작은 주기로 분할 해 점진적으로 개발하는 방식을 '애자일' 방법론이라고, 설정되는 작은 개발 주기를 '스프린트'라고 한다. 현업에서는 이와 같은 다양한 방식을 도입해보고 상황에 따라 환경을 조정하며 전체 일정을 맞춘다.

상대하기 어려운
사람도 있었나요?

지난달에도 개발자 빌런을 한 명 만났다. 빌런 A는 백엔드 개발자였는데, 3개월간 같이 일하기로 하고 프로젝트에 투입되었다. 이력서에 개발 경력 15년 이상이라고 기재된 고급 개발자였다. 처음 얼굴을 봤을 때도 이전에 내가 같이 일했던 능력 좋은 개발자와 인상이 비슷해 기대를 많이 했다. 그런데 초반부터 이상한 일이 생겼다. 팀원들과 전혀 소통하지 않는 것이다. 팀 전체가 함께하는 티타임에 조용히 빠지고 점심도 같이 먹지 않았다. 회의를 제외하고는 이야기를 나눌 시간이 없었다. 개발을 시작하고 1달 정도 지났는데, A의 개발 진도가 느리다는 것을 알게 됐다. 1주일 이내에 개발해야 했던 기능 하나를 2주째 완료하지 못하고 있었다. 다른 개발자에게 개발의 난도를 물었는데, 보통은 3일이면 넉넉히 개발할 수 있는 수준이라는 의견이 돌아왔다.

마침 팀 내에 비슷하게 개발한 기능이 있어서 소스를 제공하고 기다렸는데 3주째에도 개발이 되지 않아 내부 회의를 진행했다. 해당 기능을 인계받고 사용해야 하는 다른 개발자가 마음이 급해졌는지 직접 개발하겠다고 한 뒤, 기능이 하루 만에 완성되었다. 나는 개발 팀장에게 A를 주시해야 한다고 보고하고 그의 일을 조절해주기도 했다. 그의 몫을 다른 개발자 B가 억울하게 나눠 가지는 것으로 모자라, 온순한 성격의 중간 관리자 C가 그의 업무 상황을 체크하면서 큰소리를 내는 경우도 빈번해졌다. 개발자 교체를 요청했지만, 남은 시간이 6주뿐이라 투입할 수 있는 개발자가 없었다. 울며 겨자먹기로 남은 시간을 같이 가보기로 했는데, 잘못된 판단이었다. A가 개발한 소스가 엉망이어서 결과가 엉망진창이 됐고, 산출물 문서도 없었다. 심지어 시스템 오픈 전날 법적으로 정해진 휴가를 쓰겠다며 회사에 나오지 않았다.

A의 업무를 부당하게 떠안았던 개발자 B가 이번에도 수습하기 위해 소스를 열었다. 그런데 전혀 분석할 수 없는 수습 불가의 상태인 것이 확인됐고, 결국 임시 오픈한 후 개발자 B가 다시 개발하기로 했다. A는 마지막 날까지 자신이 계약한 기간은 끝났으니 남은 사람들이 알아서 하라며 프로젝트를 떠났다. 떠나면서 나머지 소스에도 패스워드를 걸었는데 암호를 알려주지 않았고 전화도 받지 않았다. 결국에는 그 부분 역시 B가 다시 개발하게 되었다. 만약 프로젝트에 A가 없었다면 B는 처음부터 많은 업무량을 얻었겠지만, 이렇게 억울하거나 고생스럽지는 않았을 것이다.

또 다른 개발자 빌런 D도 생각난다. 내가 주로 개발했던 분야는 GIS인데, 한 마디로 전자 지도에 관련된 작업이다. 이 분야에는 생각보다 많은 개발자가 있고 회사의 규모도 다양하다. 이렇게 특화된 개발 분야에서 경력 개발자를 채용할 때 가장 확실하고, 많이 사용하는 방법이 '평판 조회 Reference check'다. 이력서를 살펴보고 해당 지원자의 이전 회사에 있는 지인에게 연락해 "그 개발자 어때?"하고 물어보는 것이다. 회사에서 서치펌을 통해 전문적으로 의뢰하기도 하고, 실무자들이 개발자 네트워크를 통해 개인적으로 정보를 얻기도 한다. 나 역시 아는 분들에게 전화해 평판을 물어본 적이 있고, 반대로 동료들의 평판을 물어오는 전화도 많이 받는다.

한 사람에 대한 평판조회 전화를 여러 번 받을 때도 있는데, D의 경우가 그렇다. 누군가 나에게 "개발자 D 어때?"라고 물으면 내 대답은 늘 일정하다. "아, D 알죠. 출근하기 시작하면 첫째 달에는 몸이 안 좋다고 몇 번 결근할 거고, 둘째 달에는 결근이 더 많아질 거예요. 그러다가 둘째 달 월급날 이후로는 출근을 안 할 겁니다." 이런 말을 하는 데에는 이유가 있다. "D가 갑자기 무단결근을 했는데, 이 사람 아느냐"고 묻는 전화를 이미 대략 10곳의 회사에서 받았기 때문이다. 10명 이하의 작은 회사부터 1000명 이상의 큰 회사에서도 연락을 받았다.

보통 회사에서는 직원이 2일 이상 무단으로 출근하지 않고 연락이 두절된 경우 인사팀에서 나서서 확인한다. 혼자 사는 분들의 경우 신변에 문제가 발생했을 수 있으므로 집에 찾아가는 것이다. D의 집에는 많은 인사팀 직원들이 방문했다. 그런데 매번 허위주소를 기재해 아무도 그를 만날 수 없었다. 그가 왜 그랬는지는 아직도 밝혀지지 않았다. 언젠가 지인이 길에서 D를 봤다며 이야기를 해준 바로는 D가 술에 취해 길에서 전봇대를 잡고 힘들어하고 있었다고 한다. 또 언제 D를 찾는 연락이 올지 모르겠다.

특이한 유형의 사람들도 많다. 좋아하는 게임이 발매하는 날이면 며칠 동안 휴가를 내고 게임을 하는 E, 철인 3종경기에 다녀와서 다리가 아파 절뚝거리고 다니는 F, 회식을 너무 기대해서 당일 아침과 점심에 식사를 굶다 회식 자리에서는 말없이 계속 먹기만 하는 G… 이런 유형의 사람들은 업무에 피해를 주지는 않는다. 회사에서는 자신의 맡은 일을 잘 마치는 것이 중요하기 때문에 이런 사람들을 빌런이라고 할 수는 없다. 개발하면서 만난 사람들 얘기를 하면 거의 소설 한 권을 써야 할 것 같다. 개발자, PM, 고객 등 프로젝트 모든 파트에 상대하기 어려운 사람이 있다. 하지만 프로젝트를 무사히 완성하는 것이 개발자의 임무이기 때문에 가능한 서로를 이해하며 지내려고 노력하는 것이 좋다.

Q4
개발부서의 조직관리는
어떻게 하면 좋을까요?

개발부서의 조직관리는 해당 조직이 어떻게 구성되어 있는지 알아야 고민할 수 있다. 우리가 입사하면 첫날 특정 부서로 발령을 받는다. 어떤 사람은 개발1팀으로, 어떤 사람은 프론트엔드 개발팀으로, 어떤 사람은 공공 프로젝트 사업부로… 다양한 이름의 부서에 배속되게 된다. 부서 명칭이 같아도 회사마다 하는 일은 다를 수 있지만, 프로그램을 개발하는 IT 회사의 개발부서의 조직관리의 종류에 대해 먼저 알아 볼 필요가 있다. 일반적인 개발 조직 구조는 아래와 같다.

기능별 조직 개발의 기능별로 팀을 구성하여 개발 업무를 수행하는 구조로 프론트엔드팀, 백엔드팀, 데이터베이스팀, 디자인팀 등과 같이 기능별로 팀을 나눠 관리하는 구조로 스타트업이나 벤처회사와 같이 규모가 작은 회사에 주로 운용한다.

프로젝트별 조직 각 프로젝트별로 팀을 구성하여 개발 업무를 수행한다. 개발1팀, 개발2팀 등으로 나눠 자기가 맡은 프로젝트를 관리하는 방식이며, 중견 IT 기업에서 주로 사용한다.

매트릭스 조직 기능별 조직과 프로젝트별 조직을 복합적으로 결합한 형태로, 기능별 조직과 프로젝트별 조직을 같이 운영하여 자원을 효율적으로 활용하기 위해 사용된다. 공공사업 프로젝트팀, 민간기업 프로젝트팀, 데이터베이스 팀, 디자인팀, 기술연구소 등 규모가 있는 회사에서 적합하다.

개발자들은 프로젝트에 맞게 필요한 작업을 하면 되기 때문에 회사의 조직 체계에 크게 영향을 받지 않는다. 오히려 속해 있는 프로젝트팀의 구성과 팀에서의 개발 업무 배분이 개발자들의 작업과 더 밀접한 관계가 있다. 예를 들어 자기 개성이 뚜렷한 성향을 가진 A개발자도 있고 항상 조용하고 밥도 혼자 먹으러 가는 B개발자도 있다. 회의를 하면 어떤 일이 일어날까? 아마 회의에서 A개발자는 자기 의견을 강하게 말하고 B개발자는 대부분 조용히 있을 것이다. 이때 중요한 것이 A개발자의 의견이 올바른 방향이면 문제가 없겠지만 잘못된 방향이면 프로젝트에 문제가 발생한다. 이럴 때 필요한 사람이 PL이라고 불리는 선임 개발자들이다.

일반적으로 PM들은 모든 개발자의 성향까지 파악하기 힘들다. 일반적으로 중간 규모의 프로젝트에서 개발자 5명에서 10명 정도와 같이 일한다. 디자이너, 기획자, DBA 등 IT 엔지니어들을 포함하면 10명에서 20명 정도의 프로젝트 인원이 되는데 이 인원을 PM 혼자 관리하는 것은 불가능에 가깝다. 그래서 중간 관리자인 PL이 있고 PL은 4명에서 5명의 인원을 관리한다. PM과 PL의 리더십은 당연히 중요한 요소이지만, 그와 더불어 팀원들 간의 다양성을 존중하는 조직 문화 구축하는 것이 필요하다. 팀원들의 다양성을 존중하고, 이를 통해 더 나은 결과를 얻을 수 있다는 것을 인식시켜야 한다. 모든 팀원이 소속감을 느끼고, 자신의 의견을 자유롭게 개진할 수 있는 포용적인 조직문화를 형성해야 한다.

최근 본 인상 깊은 조직 관리방안 중에 프로젝트 팀원들의 MBTI를 파악해서 그에 맞게 업무를 지시하는 PL의 사례가 있었다. 팀원들의 성격 유형을 파악하여 각자의 강점과 약점을 이해하고, 이를 바탕으로 역할을 분담하는 것이다. MBTI가 얼마나 과학적인지 논의하는 관점에서 떠나, 팀원들의 성향을 파악하려고 노력하는 관리자의 모습이 멋져 보였다. 팀원들과의 개별 인터뷰를 통해 업무 스타일, 선호하는 방식, 어려워하는 부분 등을 파악하고 이를 존중해 개발자들에게 적절한 업무를 할당할 수 있다면 더없이 좋은 방법일 것이다.

2   개발자의
       매력

2000년대 초에는 배우자 인기 순위 10위 안에 벤처기업 개발자가 순위에 있었다. 코스닥, 스톡옵션과 같은 개념이 널리 퍼지면서 갑자기 높은 연봉의 벤처 개발자들이 많이 등장했기 때문이다. 모두 '팬텍Pantech'이나 '다음DAUM' 같은 회사에 입사하고 싶어 했다. 하지만 얼마 지나지 않아 개발자는 배우자 인기 순위에서는 찾아볼 수 없는 배우자 직업으로 기피하는 대상이 되었다. 매일 야근하는 것에 비해 적은 연봉이라는 실상이 점차 드러났기 때문이다.

그런데 얼마 전 판교를 중심으로 개발자에 도전하는 청년이 많아지고 있다는 기사를 접했다. 처음에는 의문스러웠는데, 신입 개발자들과 이야기해 본 결과 이유를 어렴풋이 알 것도 같았다. 취업난이 거세지는 상황에서 '네이버'나 '넥슨' 같은 이름 있는 회사에 취업하려면 기술을 가져야 하는데, 개발자는 컴퓨터를 다루는 직종이니 최신 유행을 따라 가며 일할 수 있을 것이라는 기대감이 있는 듯했다. 무엇보다 연봉이 높다는 소문도 한몫하는 것처럼 보였다.

실제로 높은 연봉은 개발자의 큰 매력이다. 같이 일하는 개발자들도 모두 이 부분을 가장 큰 장점으로 꼽았다. 5년 차 이상 개발자는 일반 기업에 다니는 주변인들보다 연봉이 눈에 띄게 높다. 기술직군이기 때문에 내가 사용하는 기술을 원하는 곳만 있으면 언제든 이직이 가능하다는 점도 좋다. 일반 회사에서 5년 차는 팀의 일원으로서 상급자의 업무를 보조하는 수준에 그칠 수 있는데, 개발자는 자신의 기술을 직접 기르는 일이라 중급 기술자로 대우해주는 면도 있다. 또 그 과정에서 창의성을 발휘해 소스를 구성하고 획기적인 방식으로 코딩하는 듯 자신만의 업무영역을 구축할 수도 있다. 생각보다 기술을 활용해 봉사할 기회도 많이 얻을 수 있다.

하지만 나는 무엇보다 내가 직접 만든 기술이 세상을 바꾼다는 점이 가장 매력적으로 느껴진다. 열심히 만든 프로그램을 사람들이 좋아할 때 정말 큰 만족감을 느낀다. 또, IT 회사에 다녀보면 일하는 방식이 합리적인 것도 사실이다. 급변하는 트렌드를 매번 회의를 통해 포착하고, 빠르게 방향을 설정해야 하기 업무 환경을 가졌기 때문이다. 하지만 그 과정은 매우 정신없고 혼란스럽다. 단순히 연봉이 높다는 이유로 원하지 않는 개발을 배우는 사람에게는 다시 한 번 생각해 보라고 말하고 싶다. 인생의 대부분을 컴퓨터 앞에 앉아 계속 머리를 쓰는 일이란, 이 일을 좋아하지 않는 사람에게는 고문과 다름이 없다. 하지만 이런 환경에서 즐겁게 개발할 마음이 있는 사람이라면 언제든 환영한다.

2010년경, 한 통신사 개발팀에서 통신품질 현황을 확인하는 시스템 개발에 참여해달라고 요청을 해왔다. 우리나라의 3대 통신사에는 휴대전화의 신호가 얼마나 잘 잡히는지 측정해서 매일 결과를 업데이트하는 팀이 있는데, 그중 한 곳을 지원하는 프로그램을 만드는 것이었다. 기간은 짧았지만 참여한 개발자가 모두 열정적이어서 팀워크가 좋았다. 새벽까지 일하면서도 우리가 적용한 기술이 실제로 구현되는 것에 만족감을 느끼며 재미있게 작업했다. 정식 배포본이 아닌 임시 결과물로 테스트를 진행할 때도, 개발한 사이트 주소를 어떻게 알았는지 사용자들이 먼저 찾아왔다. 아직 완성하기 전인데도 이전 시스템보다 성능이 좋아 업무에 활용한다는 말에 모두 뿌듯해했다.

시스템을 오픈하는 날, 정상적으로 작동하는 것을 확인한 후 팀원들과 회식하며 서로에게 감사를 표했다. 이 통신품질 현황 시스템은 10년 뒤인 2020년경 업그레이드를 진행했다. 담당자가 10년 전 개발자들에게 연락해 업데이트 버전을 만들자고 했을 때는 그 감동이 다시 느껴지는 듯했다. 실제로 나를 포함한 몇 명의 개발자들은 업데이트 버전 개발에 참여했다. 같은 일을 하더라도 느끼는 매력은 모두 다를 것이다. 하지만 마음먹으면 세계 어디에서도 인정받으며 일할 수 있으니 매력적인 직업임에는 틀림이 없다.

평소 Work-Life
밸런스는 좋은 편인가요?

'일과 삶의 균형'을 뜻하는 워라밸은 영어 'Work and Life Balance'의 줄임말이다. 현재 IT 개발자들의 워라밸은 회사마다 편차가 매우 크다. 내가 처음 일을 시작한 2000년대 초중반에는 모든 회사가 '월화수목금금금'으로 일하고 매일 야근까지 했는데, 최근에는 대부분 출퇴근 시간이 정해져 있고 야근이나 주말 근무를 하는 경우도 많지 않다.

IT 개발자들은 새로운 기술을 배우고 여러 네트워킹 활동도 해야 하므로 일과 삶의 균형을 맞추는 것은 중요한 문제다. 프로젝트 마감 등으로 피치 못하게 야근하게 되면 오픈 후 리프레쉬 휴가를 주는 회사도 많아졌다. 시스템 오픈은 아주 특별한 경우이고 오히려 시스템 분석이나 설계 단계에서 개발자는 자기 시간을 많이 가질 수 있다. 종합적으로 생각하면 개발자의 워라밸도 나쁘지 않다.

스타트업 개발자들은 근무 시간이 자유로운 만큼 유연한 근무를 한다. 시간제를 통해 출퇴근 시간을 조절하고, 특히 자녀가 있는 개발자들은 필요에 따라 재택근무를 하면서 업무와 육아를 병행할 수 있다. 대기업 개발자는 큰 작업이 없는 날이면 정시에 퇴근해 자기가 원하는 일을 한다. 주말에는 개인적인 시간을 충분히 확보하여 취미 활동을 즐길 수 있다.

물론 업무량이 많을 때는 시기는 일과 삶의 균형을 맞출수 없는 경우도 있다. 예를 들면 게임 개발자들은 게임 출시를 앞두고 밤샘 작업을 하며, 주말에도 회사에 나와 버그를 수정해야 한다. 비교적 보수가 높은 핀테크 개발자들은 끊임없이 변화하는 금융 시장에 맞춰 새로운 기술을 습득해야 하며, 업무량이 많아 개인 시간을 내기 어려운 것도 사실이다. 하지만 일반적으로 프로젝트 종료 직전이 바쁘고 프로젝트 후에는 정상적인 일상으로 돌아올 수 있다.

워라밸은 개발자의 노력만으로 이루어지지 않기 때문에 회사의 지원이 무엇보다 필요하다. 회사는 시간과 공간의 제약이 없이 근무할 수 있는 탄력근무제 도입, 눈치 보지 않고 원하는 기간에 휴가 사용할 수 있도록 휴가를 장려하는 분위기, 사내 친목 및 긍정적인 조직문화 형성할 수 있도록 하는 사내 동아리 활성화 등으로 조직문화 개선을 위해 노력할 수 있다. 워라밸은 단순히 개인의 행복만 중요하게 여기는 것이 아니고 더 나은 품질의 프로그램을 개발할 수 있도록 지원하는 일이다. 결국은 회사의 성장에도 영향을 미치는 중요한 부분인 것이다.

개발자 스스로 업무량을 조절하는 것도 중요하지만, 정기적으로 휴식을 취할 때 스트레스를 잘 푸는 것도 중요하다. 좋아하는 취미 생활을 정해두고 경치 좋은 곳에서 자전거를 타거나 운동을 하는 것도 좋다. 나는 동료들과 가벼운 술자리로 업무 스트레스를 해소하는 편이다. 주기적으로 가족과 캠핑이나 여행을 다니기도 한다. 자기 삶의 만족도가 높아져야 일도 재미있게 할 수 있다는 것을 잊지 말고 스스로 워라밸을 잘 챙기자.

Q2
해외에 출장도
종종 갈 수 있나요?

다양한 이유로 해외 출장을 간다. 업무를 위한 비즈니스 출장, 해외기술을 습득하기 위한 교육출장, 신기술을 보기 위한 견학출장 등이 그것이다. 모두 해외 출장을 가게 되면 기대를 많이 한다. '거기 개발자들은 어떻게 일할까?' '우리가 만든 솔루션이 해외 사용자가 보기에는 이상하지 않을까?' '그곳 IT는 업계 문화가 어떨까?' 등등의 부푼 꿈을 가지고 비행기에 올라탄다. 나는 몇 번의 비즈니스 출장과 교육출장, 견학 출장을 다녀온 경험이 있다. 그중 세 번의 출장 경험을 나눠보겠다.

한번은 국내 유명 전자회사의 해외 서비스센터 구축에 참여했다. 나 역시 기대를 한껏 가지고 미국 캘리포니아에 나갔다. 하지만 그 기대는 첫째 날부터 산산이 깨졌다. 그곳에 머무는 일주일 동안 해당 솔루션을 적용하기에는 시간이 너무 빠듯했다. 낮에는 일하고 밤에는 문제점들을 한국 엔지니어들과 논의했다. 시차가 있어서 한국 업무시간에 맞춰야 했기 때문이다. 출장 일주일 중 5일은 정신없이 일하고 하루는 종일 잠만 잤다. 다음날 동네 한 바퀴만 돌

Part 4 개발자 진로 가이드

아보고 공항으로 출발해야 했다. 한국으로 돌아와 일정을
더 넉넉하게 잡아줄 수 없냐고 투덜대니, 회사는 하루 더
있는 동안 숙식으로 들어가는 비용이 만만치 않아 어렵다
고 했다. 추가 출장비에 야간수당까지 들어가니 어쩔 수
없는 부분이었다.

또 한번은 회사 프로젝트 중 문제가 생긴 사이트를 해결하
기 위해 미국 샌디에고에서 개최되는 IT 컨퍼런스에 직원
포상으로 출장을 갔다. 새로운 선진 IT 기술을 보고, 휴가
를 내 LA 유니버셜 스튜디오와 그랜드캐년을 관광하기도
했다. 컨퍼런스에서 우리가 하는 기술이 생각보다 뒤쳐지
지 않은 것을 확인했다. 본사 미국 개발자들과도 이야기할
시간이 있었는데, 외국 개발자들은 오히려 한국 개발자들
을 신기해했다. 우리는 솔루션 설치부터 백엔드와 프론트
엔드 개발을 전반적으로 다 할 줄 안다고 했더니, "Are you
a genius?"라고 말했다. 그리고 본인이 일하는 영국에서 함
께 일할 생각이 있으면 연락하라며 명함을 주고 갔다. 출
장에서 돌아와 회사에 컨퍼런스에 대한 리포트를 내고 발
표하는 것은 힘들었지만 유익한 시간이었다. 최근 IT 회사
중에는 해외로 회사 워크숍을 가거나 리프레쉬 휴가를 보
내주는 사례도 종종 있다.

우리나라 해외경제 협력단에서 저개발 국가를 지원해 주
는 프로젝트에 참여한 적도 있다. 지원 형식이다 보니 환

경이 열악했지만 우리는 솔루션 설치를 빠르게 끝낼 수 있었다. 사용자 교육을 하는데 교육에 참석한 사람들이 정말 열심히 교육을 받았다. 저녁에는 여유가 있어 그 지역을 돌아다니며 현지 식당에서 로컬 음식도 먹어볼 수 있었다. 마지막 날에는 간단한 여행도 했다. 저개발국에 도움이 된다고 생각하니 정말 보람된 시간이었다. 오히려 선진국에 갔던 다른 출장보다 개발도상국으로 간 출장에 추억이 많다. 우리 시스템을 배우고 사용하는 엔지니어들이 매우 적극적이라 도움이 된다는 느낌을 받을 수 있었다. 어떤 일이든지 사람에게는 일하는 목적이 있어야 한다는 것을 느끼는 경험이었다.

출장이 아닌 교육으로 해외 본사에 다녀온 적도 있다. 외국계 기업에서 근무할 때 교육을 본사로 갔는데, 본사에서 일하는 사람들이 너무 부러웠다. 인턴도 개인 사무실에서 일하고 있었고, 책상도 높낮이를 조절할 수 있는 자동데스크라 허리가 아플 때 서서 일할 수 있는 환경이었다. 교육하는 일정 중 하루는 슈퍼볼 결승전을 하는 날이었다. 슈퍼볼 선데이로 출근할 필요가 없는 날인데, 모두 본인이 좋아하는 NFL팀의 옷을 입고 와서 가족들과 회사 잔디밭에서 미식축구를 보면서 바비큐 파티를 했다. 우리가 지나가면 빵에 소세지를 넣어 즉석 핫도그를 만들어 줬다. 개발자들이 일을 즐기면서 대접받으며 일하는 것이 느껴졌다.

251

나는 해외 취업을 해본 적은 없다. 하지만 여러 번의 출장 경험으로 새로운 세계가 있다는 것을 알게 되었다. 그래서 후배 개발자들이나 개발을 시작하는 사람들에게는 꼭 외국어 공부를 열심히 해서 좋은 해외 IT 기업에 도전해 보라고 말한다. 해외 IT 기업의 장점은 일 잘하는 사람에게 최고의 대접을 해준다는 것이다. 그러나 일을 못 하는 사람은 냉정하게 집으로 보내 버린다. 하지만 한국에서 이런저런 프로젝트를 경험한 개발자라면 해외 IT 기업에서 절대 돌려보낼 리 없다고 생각한다. 열심히 실력을 쌓아, 연봉도 많이 받고 자기 시간도 가질 수 있는 좋은 기업에 도전하면 좋을 것 같다.

ESRI사 슈퍼볼 선데이

Q3

개발자로서 언제 가장
보람을 느끼세요?

IT 개발자로서 가장 보람을 느끼는 순간은 내가 개발한 소프트웨어가 사람들의 삶을 변화시키는 것을 볼 때다. 그 중 한 가지 사례가 떠오른다. 우리나라는 인구가 서울에 밀집되어 있어 지방에 독거노인이 많다. 그런 노인들이 긴급상황일 때 버튼을 눌러 자신의 위험을 관리시설에 알려주고, 전기나 수도사용량의 변화가 장시간 있을 때 확인해서 사회복지사를 현장으로 보내는 시스템을 개발한 적이 있다. 이 소프트웨어는 거동이 힘든 독거노인과 사회복지사가 직접 만나지 않고도 소통하고 긴급상황에 대비할 수 있게 해주었다. 어르신들의 삶을 개선한 것이다. 물론 나는 월급을 받으며 개발했지만, 그 결과 사회의 취약계층에 도움을 주었다는 것에 보람을 느꼈다.

또 다른 예로 사람들이 지역의 관광 정보를 쉽게 찾을 수 있도록 지도 기반의 검색 사이트를 개발한 적이 있다. 개발을 무사히 마친 후 다른 프로젝트에 들어갔는데, 옆자리 개발자가 지도 사이트를 활용해 가족여행 일정을 계획하는 것을 보고 왠지 모를 뿌듯함이 있었다. 계획을 짜는 동

Part 4 개발자 진로 가이드

료에게 그 사이트를 내가 만들었다며 자랑도 하고, 숨은 기능도 알려 주었다. 내가 만든 음식을 가족이 맛있게 먹을 때처럼, 내가 만든 프로그램을 사람들이 편리하게 사용하고 사업에 활용하는 모습을 보면 기쁨이 생긴다.

다른 개발자도 보람을 느끼는 것은 마찬가지일 것 같다. 자신이 만든 프로그램이나 서비스가 실제 사람들에게 도움이 될 때, 내가 만든 프로그램이 사용자에게 긍정적인 영향을 주었을 때, 새로운 기술로 자기만의 독창적인 프로그램을 만들었을 때, 프로젝트가 끝나고 팀과 함께 목표를 달성했을 때의 성취감에서 보람을 느끼는 것 같다. 물론 나는 매달 통장을 볼 때도 보람을 느낀다.

Q4
연봉은 어느 정도까지
받을 수 있나요?

한국 IT 개발자의 연봉은 직급, 경력, 기술, 회사 규모 등에 따라 크게 달라진다. 한국고용정보원 조사에 따르면, 2022년 기준 평균 연봉이 5,348만 원이다. 확실히 다른 직종에 비해서는 높은 수준이다. 하지만 이것은 전체 개발자 평균이고, 신입 개발자는 훨씬 적은 연봉을 받는다. 신입은 3,000만 원, 3~7년 정도의 경력이 있는 경우 5,000만 원 정도이고, 7~12년 선임 개발자의 연봉은 평균 7,000만 원 정도이다. 12년 이상의 수석 개발자는 평균 1억여만 원의 연봉을 받는다. 20대 후반에 취업해 40대까지 개발하면 억대 연봉 대열에 들어설 수 있으니 다른 직업군에 비해 정말 매력적이다. 하지만 10년 이상 개발자로서 인정받으며 일하는 사람의 비율은 경험상 대략 30% 정도다. 주니어 시절에는 개발이 적성에 맞지 않아 떠나는 사람이 많지만, 시간이 흐르면 많은 개발자가 DBA, PM, 개발자 등으로 직무를 옮겨간다.

최신 기술을 가지고 있는 개발자는 높은 연봉을 받을 수 있다. 요즘 이슈인 인공지능(AI), 빅데이터, 클라우드 컴퓨팅, 블록체인 등을 익힌 전문가들은 상상 이상의 급여를 받는다. 최근 엘라스틱서치Elasticsearch라는 검색 기술을 사용한 프로젝트를 진행해야 했는데, 내가 세달 동안 일해야 하는 비용을 전문가를 한 달 채용하는 값으로 지불했다. 이런 기술을 사용할 수 있는 개발자는 점점 많아지니 계속해서 높은 수익을 보장하지는 않는다. 하지만 남들이 잘 사용하지 못하는 희소성 있는 최신 기술을 가지는 것은 연봉을 올릴 수 있는 좋은 방법이다.

개발자의 연봉은 회사 규모에 따라서도 크게 달라진다. 대기업 IT 개발자의 연봉은 중소기업의 경우보다 높다. 대기업은 일반적으로 직원 복지 혜택도 많아 대부분 대기업에 들어가려고 한다. 좋은 회사에 입사하기 위해 도전하는 건 자기 발전에 도움이 되는 행동이다. 하지만 대기업은 채용 시 준비할 것이 많다. 경력자들도 기술적으로 많이 공부해야 코딩 시험에 합격할 수 있다. 면접에서 자신이 할 수 있는 일에 대해 발표도 잘 해야 하고, 업계 전반에 대한 이슈도 많이 알고 있어야 한다. 그럼에도 발전을 위해 계속해서 도전하기를 권한다. 개발자는 자신의 노력에 연봉이 비례하는 매력적인 직업이다. 돈 문제는 가족들과도 긴밀하게 이야기하는 부분이고 생활하는 데에 중요한 요소이다. 지금은 원하는 회사에 쉽게 들어갈 수 없더라도, 열정을 가지고 계속 시도하다 보면 아마존이나 구글 같은 글로벌 기업에서 일할 수도 있을 것이다.

3   개발자의
       미래

AI로 인해 많은 직업이 사라지고 생겨난다. 개발 분야도 영
향이 오는 것은 마찬가지다. 그러나 현재 시점에서 개발자
의 전망은 전반적으로 밝다. 디지털 기술의 발전과 함께 개
발자에 대한 수요가 늘어나기 때문이다. 특히 AI나 빅데이
터, 블록체인 등 새로운 기술 분야에서 개발자가 필요하다.

이전에 인쇄 공장에서 프린트 기계의 플라스틱 버튼을 눌
러서 일을 진행했다면, 이제는 터치스크린을 활용한 디지
털 형태로 방식이 변경되고 있다. 이때 사용하는 터치스크
린을 임베디드 개발자가 만든다. 식당에 가면 각 테이블마
다 음식을 주문하는 태블릿이 있다. 이것은 안드로이드 개
발자가 만들었을 것이다. 네이버 플레이스나 카카오에서
미용실 예약을 할 수 있다. 이 기능은 웹 개발자가 만든다.
이렇게 우리 생활 속 작은 것들이 디지털로 바뀌는데, 모
든 부분에 개발자의 손길이 필요하다.

하지만 개발자의 전망이 밝다고 해서 모든 개발자가 성공
하는 것은 아니다. 계속해서 발전하는 개발자만이 시장의

흐름을 따라갈 수 있다. 아주 예전에 코볼COBOL이라는 프로그램 언어가 있었다. 그런데 이제 그 프로그램은 위키 등 정보검색 정도로만 그 자취를 찾을 수만 있지 어느 곳에서도 코볼 개발자를 채용하지 않는다. 또한 어떤 개발자가 최신 유행하는 프로그램 언어를 아무리 잘 다룬다고 해도, 소프트 스킬을 활용하지 못한다면 극히 제한적인 곳에서만 채용이 가능할 것이다. 소프트 스킬은 커뮤니케이션 능력, 협업 능력, 문제 해결 능력 등을 말한다. 아무리 개발 실력이 좋다고 하더라도 같이 일하는 사람들과 제대로 소통하고 협의할 수 없는 사람에게는 다음 프로젝트가 주어지지 않는다.

한편 개발자의 업무 환경과 처우도 개선되고 있다. 재택근무, 유연근무제 등 다양한 근무 방식이 도입되며 연봉이 꾸준히 상승하는 중이다. 신입 개발자에게는 안타까운 이야기이지만 좋은 대기업의 경우 개발 스킬이 충분히 보장되어 있는 경력직을 위주로 채용하는 경향도 높아졌다. 하지만 스타트업이나 중견 IT 회사에서 신입 개발자를 많이 채용하고 있으니 차근차근 이직을 도전해 보자.

소프트웨어의 발전은
어디까지 확장될까요?

소프트웨어는 자동화, 최적화, 비용 절감 등의 형태로 생산성을 향상할 수 있다. 예를 들어, 자동차 공장에서는 로봇을 이용해 생산 공정을 자동화한다. 미국의 테슬라가 자동화 공정으로 생산성을 높인 사례가 있다. 제조 산업은 생산 공정이 자동화되고 인공지능 기반의 제품이 개발될 것이다. 3D 프린팅 기술 등도 발전할 것이다. 서비스 산업은 빅데이터를 기반으로 고객 서비스와 마케팅이 진행될 것이다.

또 클라우드 기반의 업무 환경이 구축될 것이다. 의료사업은 병원에서도 원격 의료 서비스로 도서 지역에서도 의료 서비스에 보다 쉽게 접근할 수 있게 되었다. 빅데이터와 인공지능을 이용해 짧은 시간 안에 진단과 치료를 보다 정확하게 할 수 있을 것으로 기대하고 있다. 교육 분야에서는 온라인 학습과 인공지능 기반 맞춤형 학습이 성장할 것이고, 금융에서는 로봇 투자와 인공지능 기반 개인 맞춤형 금융 상품 등이 생겨날 것이다.

이러한 발전은 여러 산업의 변화를 이끌어 새로운 비즈니스 모델의 등장으로 이어질 것이다. 소프트웨어는 기존의 비즈니스 모델을 혁신하고 새로운 상품을 창출할 잠재력이 있다. 온라인 쇼핑이나 전자 결제, 공유 경제 등은 모두 소프트웨어의 발전을 기반으로 탄생했다. 2000년대 초만 하더라도 노트북 같은 제품을 살 때, 인터넷으로 노트북에 대한 제품정보를 검색하되 물건은 직접 매장에 방문에 구매했다. 그러나 지금은 노트북뿐만 아니라 볼펜 같은 작은 상품이나 채소처럼 쉽게 상하는 상품도 인터넷으로 구매하는 경우가 많다.

더불어 고객 경험이 개선될 것이다. 소프트웨어는 고객이 제품과 서비스를 이용하는 방식을 크게 변화시킬 수 있다. 예를 들어, 개인화된 뉴스 추천, 실시간 피드백, 맞춤형 서비스 등은 모두 소프트웨어를 통해 구현하는 고객 경험 개선의 사례다. 맞춤형 서비스는 점점 더 커지는데 개인적으로는 다소 불편한 부분도 있다. 내가 검색한 내용이 곧장 광고와 연동되고, 내가 많이 본 기사의 내용과 연관된 기사가 검색 페이지에 노출되어 있다. 내 정보가 노출된 것 같다며 불편함을 호소하는 사람들도 종종 있을 것이다. 하지만 이런 불편한 부분들도 점점 다듬어져 우리 삶에 포함되고 있다. YouTube 같은 동영상 사이트의 영상 추천이나 쇼핑 사이트의 연관 추천 상품 검색의 편리함을 자연스럽게 받아들이는 것처럼 말이다.

Q2
새로운 기술을 공부하는
팁이 있을까요?

이 책에서 특정 신기술을 추천할 필요는 없다는 생각이 든다. 새로운 기술은 계속해서 생길 뿐 아니라 급변해서 오늘 좋은 기술이 내일은 필요 없게 될 수도 있다. 예를 들어, 현재 프론트엔드 신기술 중에 React와 Vue.js 라는 기술이 있는데, 21년에는 React를 많이 사용했고 22년에는 Vue.js를 사용하는 팀이 많아졌다. 하지만 이것도 언제 다른 것으로 대체될지 모른다. 그래서 기술 자체보다는 신기술을 공부하는 방법을 설명하는 것이 좋을 듯하다.

새로운 기술을 모두 익히는 것은 현실적으로 불가능하다. 우리의 시간이 한정적이기 때문이다. 먼저 어떤 기술을 익힐 것인지 목표를 정해야 한다. 내가 잘하거나 잘할 수 있는 것에 선택과 집중을 해야 한다. 인터넷 강좌나 블로그, 전문 서적을 참고하든지 개발 프로젝트에 직접 참여해 보는 방법이 있다. 그 목표에 맞는 IT 신기술을 선택해 유튜브 채널 보면서 고수들을 따라 하는 것이 요즘 개발자들의 일반적인 스터디 방법이다. 이전에는 책이나 블로그, 강좌 사이트의 텍스트 문서로 하는 교육이 많았지만, 요즘은 사용법이나 강좌를 영상으로 노출하는 추세라 쉽게 신기술을 접할 수 있다.

가장 좋은 방법은 조금이라도 관련 개발을 직접 해보는 것이다. 개발된 소스를 볼 수 있기 때문이다. 기회가 된다면 오픈소스 프로젝트에 참여해 보라고 권하고 싶다. 오픈소스란 누구에게나 열려있어 공유가 자유롭고 쉽게 접근할 수 있는 무료 배포 개발 소스를 말한다. 공개적으로 그 설계에 엑세스할 수 있으므로 누구나 그 기술을 수정할 수도 있다. 오픈소스에 중요한 요소는 프로젝트의 목표 달성을 위해 모인 개발 그룹, 투명한 소스관리, 팀원 간 이해를 바탕으로 하는 공개 협업이다. 결국, 어떤 개발 목표를 설정하고 불특정 다수가 참여해 해당 프로젝트에 기여 하는 것이다.

소스를 볼 줄 아는 것과 함께 한 가지 더 알아야 하는 내용이 있다. 형상관리 파트에서 이미 설명했지만, 소스 관리를 하는 사이트 Git을 사용할 수 있어야 한다. Git은 여러 사람이 소스를 공유할 수 있는 분산 관리 시스템이다. 개발자들은 주로 깃허브 사이트를 많이 사용한다. Git을 사용할 수 있어야 소스 수정에 참여할 수 있다. 이 역시 유튜브나 블로그를 참고하면 쉽게 사용법을 터득할 수 있다. 초보자의 경우 우선 관심 있는 기술의 코드를 보고 이해하도록 노력하는 것이 중요하다. 초보 개발자는 다른 사람의 소스를 보면서 이해할 정도만 익혀도 많은 도움을 얻을 수 있다. 소스의 레벨이 너무 높아 힘들다면 과감히 포기하고 다른 프로젝트의 소스를 찾아도 된다.

다음으로는, 코드 일부를 직접 개선해 볼 수 있으면 좋겠지만 이것은 난도가 높은 일이다. 코드 내 주석의 문구를 고치는 수준이나 메뉴 한글화 작업부터 참여하는 것으로 충분하다. 이 과정에서 소스의 개선점이 서서히 보이기 시작한다. 그 부분에 소스를 조금씩 수정하다 보면 실전 스킬을 높이는 데 많은 도움이 된다.

Q3
챗gpt 또는 AI가 주는
영향도 있을까요?

최근 IT 업계 최고의 화두는 챗gpt이다. 이전에는 사용자가 서비스에 정확한 어휘로 질문하지 않으면 챗봇도 엉뚱한 답을 했는데, 이제는 구어체로 편하게 질문해도 전문가처럼 답변해 준다. 최근에는 질문자가 여성인지 남성인지 파악해 각각 다른 답변을 하고, 전체적인 문맥을 확인해 사람의 감정까지도 구분한다. 기분이 좋을 때와 화가 났을 때 그에 맞는 답변을 제공하는 것이다.

챗gpt 또는 AI가 프로그램 개발에 미치는 영향은 크게 두 가지로 나눌 수 있다. 첫째, 개발자가 생산성을 높이는 것을 돕는다. 창의성이 있는 코딩보다는 단순 반복하면서 기계적으로 해야 하는 개발 작업에서 특히 도움을 줄 수 있다. 예를 들면 단순 반복성이 있는 시스템의 코드 작성, 오타와 같은 단순 버그 수정, 불필요한 소스를 제거하여 코드를 최적화하는 것이다. 이런 작업을 자동화하면 개발자는 좀 더 창의적이고 전략적인 업무에 집중할 수 있다.

둘째, 사람이 생각하기 힘든 새로운 기능과 서비스를 개발하는 데 도움이 된다. 인공지능은 대규모 데이터를 분석하고, 패턴을 식별할 수 있다. 빅데이터는 쉽게 말해 아주 많은 양의 데이터를 활용해 분석 작업을 한다고 생각하면 된다. 현재 내가 속한 팀에서 개발하는 시스템은 하루에 처리해야 하는 초기 데이터의 수만 10억 건이 넘는다. AI는 분석가가 사용할 수 있도록 데이터를 저장하고, 빠르게 검색하여 결과를 제공한다. 사람이 데이터를 분석하면 주관적인 사고가 들어가는데, 컴퓨터로 이 작업을 하면 보다 객관적인 결론을 얻을 수 있고 작업 시간도 줄어든다.

인공지능이 가진 생산성에 비해 부정적인 영향도 적지 않다. 아무래도 개발자의 고용이 줄어들 것이다. 또 너무 기계적으로 작동하다 보면 윤리적 문제가 발생할 수 있고, 악용될 경우 해킹이나 사이버 공격까지 수행할 수 있다. 인격이 없는 인공지능은 그 공격이 나쁜 일인지 모르고 일반적인 업무를 수행하듯 진행하게 된다.

아직 개발 진행 단계이지만 그 잠재력은 매우 높다. 앞으로 챗gpt 또는 AI가 프로그램 개발에 더욱 적극적으로 활용되면 개발의 효율성과 품질도 크게 향상할 것으로 기대된다. 그러나 아직은 개발이 완벽하지 않기 때문에 실제 프로젝트에 사용하기에는 무리가 있다. 부정확한 결과를 생성해 오히려 개발자가 개발한 소스의 신뢰를 떨어뜨릴 수 있다.

AR, VR 솔루션이나
3D 플랫폼도 많이 사용하나요?

AR_{Augmented Reality}, VR_{Virtual Reality} 솔루션은 증강현실과 가상현실을 활용해 사용자에게 몰입감 있는 경험을 제공한다. 이러한 기술은 게임, 교육, 엔터테인먼트, 의료, 제조, 건설 등 다양한 분야에서 활용되고 있다. 그렇다면 두 솔루션의 차이는 무엇일까? AR은 실제 환경에 3차원 가상의 사물이나 이미지를 겹쳐 보여주는 기술이다. '확장된 현실'이라고 생각하면 된다. 마인크래프트나 디아블로 같은 게임을 생각하면 이해가 쉽다. VR은 가상의 영상과 사용자의 움직임을 결합해 3D로 구현된 생생한 현실을 제공하는 것이다. 고글을 쓰고 가상세계를 직접 체험하는 상품이 애플 'VR 버전 프로'라는 이름으로 나왔고, 페이스북에서도 '오큘러스'라는 신상품이 출시됐다. 이러한 제품이 VR 솔루션이다. 현실에서는 불가능한 달의 표면을 걸어보거나, 500년 전 조선시대 주막에 들어가는 것, 슈퍼맨이 되어 뉴욕 상공을 날아다니는 경험이 가상세계에서는 모두 가능하다. 이때 AR와 VR은 서로 다른 솔루션이기보다, 서로를 상호보완하는 관계이다.

게임 분야에서는 AR, VR 솔루션을 활용해 몰입감 있는 경험을 제공하고 있다. 얼마 전에는 회식 후 친목 도모를 위해 동료들과 VR방에 가보았다. 롤러코스트 게임을 하는데 너무 생생하게 실감 나서 멀미가 날 정도였다. 교육 분야에서는 학생들에게 현실감 있는 학습 환경을 제공하는데 이 솔루션을 사용한다. 코로나로 비대면 수업을 진행하던 때 아들이 AR을 이용한 메타버스 수업을 하는 것을 봤는데, 일반 영상통화로 수업할 때보다 몰입도가 높았다. 엔터테인먼트 분야에서는 새로운 형태의 콘텐츠를 생산하고 있다. 나는 오큘러스 제품을 사용해 넷플릭스 영화를 본 적이 있는데, 정말 영화관에 온 것처럼 실감이 났다. 문제점은 배터리가 영화 상영시간보다 더 빨리 방전된다는 것이다. 사용 도중에 충전해야 했다. 의료 분야에서는 의료 교육 및 수술 시뮬레이션, 원격 진료 등을 하고 있다. 제조 분야에서는 제품 설계, 가상 시뮬레이션, 원격 협업 등에 사용한다.

AR이나 VR을 쉽게 사용하도록 도와주는 3D 플랫폼도 많이 있다. 3D 플랫폼은 3D 콘텐츠를 생성, 편집, 공유할 수 있도록 한다. 3D 모델링, 렌더링, 애니메이션, 게임 개발 등 다양한 분야에서 활용되고 있다. 게임 분야에서는 3D 플랫폼을 활용해 게임 캐릭터, 배경, 효과 등을 생성하고 게임 개발을 위한 협업도 플랫폼 내에서 진행한다. 요즘은 2.5D나 3D가 적용되지 않은 게임을 찾는 것이 더 힘들 것이다. 교육 분야와 엔터테인먼트 분야에서도 AR, VR과 마찬가지로 발전을 거듭하고 있다. CGV나 메가박스 같은 극장에서는 3D관이나 4D관을 운영하는 것이 일반화되었다. 얼마 전에는 제조업 회사 교육 웹사이트 개발에 참여했다. 보통은 장비에 대한 교육을 동영상으로 만들어 온라인으로 배포하는데, 이번에 개발한 사이트는 3D를 만들어서 장비를 원하는 시점으로 바라볼 수 있도록 만들었다. 3D 내에서 직접 퀴즈도 풀 수 있도록 한 것이 인상적이었다. 이러한 추세를 고려할 때 AR, VR 솔루션과 3D 플랫폼은 앞으로 더욱 증가할 것으로 보인다. 이 분야 개발자들도 점점 더 많이 필요할 것이다.

개발자의
개념과 용어

가상 현실 VR

사용자가 몰입감 있는 3D 환경과 같은 가상세계를 경험할
수 있게 하는 컴퓨터 기술이다.

객체 지향 프로그래밍 OOP

객체를 기반으로 프로그램을 설계하는 프로그래밍 패러다
임. 객체는 데이터와 그 데이터를 처리하는 메소드를 하나
의 단위로 묶어 놓은 것이다.

게임 개발

게임을 만드는 과정. 게임 개발은 기획, 디자인, 프로그래
밍, 그래픽, 사운드 등 다양한 분야의 작업이 포함된다.

네트워크

여러 컴퓨터를 연결하여 데이터를 통신하는 시스템. 대표
적인 네트워크로는 인터넷, LAN, WAN 등이 있다.

디버깅

코드의 오류를 찾아내고 수정하는 과정. 코드의 오류를 찾
아내고 수정하기 위해 디버깅 기술을 잘 알아야 한다. 프로
그램 언어와 사용하는 개발자도구마다 다르니 사용방법을
잘 숙지해야 한다.

데이터 구조

데이터를 효율적으로 저장하고 관리하는 방법. 대표적인

데이터 구조로는 배열, 연결 리스트, 스택, 큐, 트리 등이 있다.

데이터베이스
데이터를 체계적으로 관리하는 시스템. 대표적인 데이터베이스로는 MySQL, Oracle, PostgreSQL 등이 있다.

모바일 개발
스마트폰이나 태블릿에서 실행되는 프로그램을 개발하는 것. 대표적인 모바일 개발 플랫폼으로는 Android와 iOS가 있다.

머신러닝
컴퓨터가 명시적으로 프로그래밍 되지 않고도 반복적인 학습하고 경험을 축적하여 사용하는 능력이다.

방화벽
원치 않는 트래픽으로부터 네트워크를 보호하는 네트워크 보안 솔루션.

블록체인
거래 레코드를 보안하는 분산 원장 시스템으로 안전하게 여러 데이터를 관리 할 수 있다.

빅데이터
처리하기에는 너무 크고 복잡한 데이터 세트를 말하며 부분을 개발하는 것으로 규칙이 있는 정형 및 규칙이 없는 비정형 데이터 모두를 포함하며, 양이 많아 관리가 어려운 대용량 데이터를 일컫는다.

백엔드 개발
웹사이트나 애플리케이션에서 사용자가 직접 보지 않는 부분을 개발하는 것.

알고리즘

문제를 효과적으로 해결하기 위한 단계별 지침. 대표적인 알고리즘으로는 정렬 알고리즘, 탐색 알고리즘, 그래프 알고리즘 등이 있다.

운영 체제

컴퓨터의 하드웨어와 소프트웨어를 관리하는 프로그램. 대표적인 운영 체제로는 Windows, macOS, Linux 등이 있다.

인공 지능 AI

인간의 지능을 시뮬레이션하는 컴퓨터 시스템.

인터넷 사물 IoT

인터넷에 연결되어 센서와 같은 장치를 이용해 데이터를 전송 및 수신할 수 있는 장비.

애플리케이션 소프트웨어

특정 작업을 수행하는 데 사용되는 컴퓨터 프로그램.

웹 개발

웹 브라우저에서 실행되는 프로그램을 개발하는 것. 웹 개발은 프론트엔드 개발과 백엔드 개발로 나눌 수 있다.

클라우드 컴퓨팅

인터넷을 통해 컴퓨팅 서비스를 제공하는 모델.

테스트

코드의 품질을 보장하기 위한 작업. 코드의 품질을 보장하기 위해 잘 알아야 한다. 어떻게 테스트를 할 것인지 계획서부터 잘 만드는 것이 중요하다.

프로그래밍 언어

컴퓨터에게 명령을 내리는 인공 언어. 대표적인 프로그래밍 언어로는 C, C++, Java, Python, JavaScript 등이 있다.

프론트엔드 개발

웹사이트나 애플리케이션에서 사용자가 볼 수 있는 부분을 개발하는 것.

API

Application Programming Interface. 다른 프로그램과 상호작용하기 위한 인터페이스.

CSS

Cascading Style Sheets. 웹 페이지의 스타일을 정의하는 언어.

CISA

정보시스템감사통제협회가 일정 자격요건을 갖춘 자에게 부여하는 정보시스템 지배, 통제, 보안, 감사 분야의 공인 전문 라이선스.

GIS

지리 공간 데이터를 연결하여 시각화를 생성하는 컴퓨터 시스템.

Git

협업하기 위한 소스 및 파일관리 버전 관리 시스템.

HTML

HyperText Markup Language. 웹 페이지의 구조를 정의하는 마크업 언어로 웹사이트 개발에 기본이 되는 마크업 언어.

HTTP

HyperText Transfer Protocol. 웹에서 데이터를 주고받는 데 사용되는 프로토콜.

IDE

Integrated Development Environment. 프로그래밍을 위한 통합 개발 환경.

JavaScript

웹 페이지에서 동적인 기능을 구현하는 프로그래밍 언어로
프론트엔드에서 가장 많이 사용하는 스크립트 언어이다.

JSON

JavaScript Object Notation. 데이터를 교환하는 데 사용되
는 포맷.

SQL

Structured Query Language. 데이터베이스를 관리하는 질
의 중심의 언어.

WBS

프로젝트 범위와 일정을 세부적으로 나눈 작업 분할 구조도.

XML

Extensible Markup Language. 데이터를 표현하는 마크업
언어로 데이터 전송에 많이 사용한다.

EPILOGUE

프로젝트 개발과 사업관리를 하던 내가 비기너들을 위해 책을 쓰다니 감회가 새롭다. 처음 편집자에게 집필 제안을 받았을 때 나는 그것을 한 번쯤은 책을 써보라는 신의 뜻으로 여기고 열정을 다해 글을 썼다. 초고를 쓰고 나서 처음 읽었을 때는 내가 생각보다 글을 잘 못 쓴다는 생각에 놀라기도 했다.

하지만 시간이 지날수록 작업이 재미있어졌다. 카페에 앉아서 커피를 한 잔 주문해놓고 글을 쓰다 보면 내가 이렇게나 하고 싶은 말이 많은 사람이었는지를 새삼 깨닫게 되었다. 그러면서 글쓰기가 개발 프로젝트와도 비슷하다는 생각이 들었다. 전체적인 내용을 기획한 뒤 큰 틀을 잡고 목차에 따라 하나씩 글을 쓰는 것은, 개발하면서 기능을 하나씩 만들어내는 감각과 비슷했다. 내가 쓴 글에 대한 편집자의 피드백을 보면서 글을 퇴고하는 것은 개발 프로젝트의 단위 테스트와 통합 테스트 작업과도 같았다.

개발자를 꿈꾸는 분들에게 하고 싶은 이야기가 너무 많아

책에 모든 것을 담지는 못했다. 그래서 세부적인 기술 내용보다는 개발자로서 살아가는 이야기를 더 잘 해내고 싶었다. 더 이상 개발을 못 하겠다고 고향에 내려가서 떡볶이 가게를 차린 하 과장님, 회사와 사업 진행과 프로젝트 의견이 달라서 팀 개발자를 데리고 나가 사업을 시작한 윤 대표, 개발이 너무 좋다며 50이 다 되어 가는 나이에도 밤낮없이 일하는 안 연구원, 같은 조직에서 친하게 지내다가 어느 날 갑자기 경쟁사 개발 팀장이 되더니 만날 때마다 서로 개발한 시스템이 우수하다고 싸우는 최 이사와 이 소장, 밤샘 야근 후 피곤해 회사 근처 여관에서 자다가 갑자기 더 이상 만날 수 없는 곳으로 간 친구 경희… 개발자의 삶에 대해 이야기를 나눴던 많은 사람들에게도 감사하다는 인사를 전하고 싶다.

AI가 발전하고 있는 시대를 살아가는 이들이 개발자를 꿈꾸며 가장 궁금한 것은 직업의 미래성일 것이다. 나는 IT 개발이 예술 분야와 마찬가지로 지금까지와는 다른 방식으로 새로운 길을 찾아갈 것이라고 생각한다. 같은 맥락에서 책의 전반에 강조한 내용을 한 번 더 정리하고 싶다. 개발자는 끊임없이 새로운 기술과 지식을 습득해야 한다. 새로운 기술이 등장하는 속도는 더욱 빨라지고, 사라지는 속도 역시 빠를 것이다. 개발자를 꿈꾸고 있다면 변화하는 생태계에서 살아남는 체질이 되도록 훈련하기를 바란다.

개발은 실무 경험이 매우 중요하다. 책과 영상으로만 공부해서는 안 된다. 프로젝트와 인턴십을 통해 다양한 경험을 쌓아야 역량을 키울 수 있다. 개발할 때는 항상 문제가 생기므로, 같이 일하는 이들과 커뮤니케이션에도 신경을 써야 한다. 여기에 적절한 방식으로 문제를 해결할 수 있는 능력이 있다면 개발자로 살아가는 삶이 충분히 좋을 것이다.

IT 개발은 재미있는 일이다. 개발을 통해 새로운 것을 배우고, 세상을 변화시키는 경험을 할 수 있다. 개발에 대한 호기심이 시작됐다면, 포기하지 않는 열정으로 즐겁게 공부하기를 당부한다.

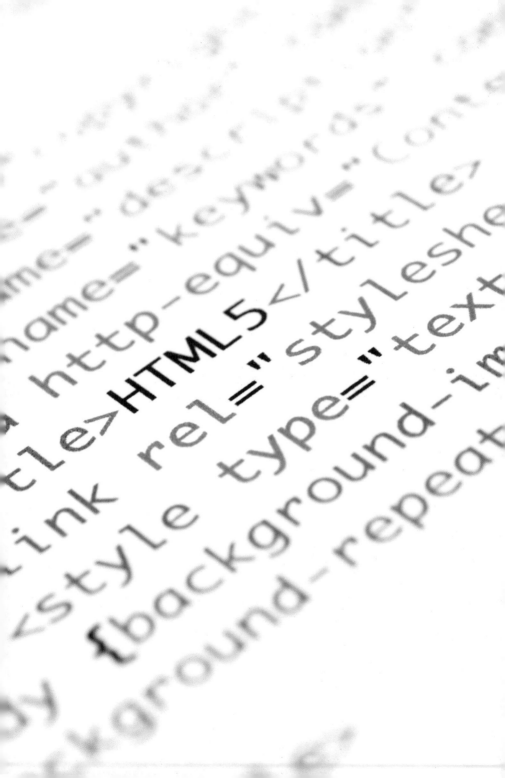

IT개발자, 코드로
세상을 바꾸는 사람들

초판인쇄 2025년 2월 28일
초판발행 2025년 2월 28일

글 윤석용
발행인 채종준

출판총괄 박능원
책임편집 구현희
디자인 공진혁
마케팅 문선영
전자책 정담자리
국제업무 채보라

브랜드 크루
주소 경기도 파주시 회동길 230(문발동)
투고문의 ksibook13@kstudy.com

발행처 한국학술정보(주)
출판신고 2003년 9월 25일 제406-2003-000012호

ISBN 979-11-7318-191-7 03040

크루는 한국학술정보 주 의 자기계발, 취미 등 실용도서 출판 브랜드입니다.
크고 넓은 세상의 이로운 정보를 모아 독자와 나눈다는 의미를 담았습니다.
오늘보다 내일 한 발짝 더 나아갈 수 있도록, 삶의 원동력이 되는 책을 만들고자 합니다.